Inhaltsverzeichnis

Bildungsbereiche:

Vorwort

Liebe Kolleg*innen* in Kitas, Kindergärten, Heimen, Spiel- und Fördergruppen, liebe Eltern, liebe Sternengucker und Sonnenkinder, Weltraumforscher und Astronauten in spe!

Zu den Planeten, dem Weltall, der Sonne ... gibt es (fast) so viele (Kinder-)Fragen wie Sterne am Himmel stehen. Vermutlich veranlasst uns der Respekt vor der unbekannten Größe des Alls oft dazu, nur stumm mit den Achseln zu zucken. Die Weite des Universums und alle sich dort abspielenden „Ereignisse" sind für uns – und selbst für Astronauten – nicht fassbar! Wer hat sich nicht bereits die Frage nach dem Anfang jeglicher Materie gestellt? Spätestens durch bohrende Kinderfragen stößt man unausweichlich darauf: Wer oder was war vor dem Urknall und durch wen oder was konnte er entstehen? Haben Sie Mut, diese Frage gemeinsam mit den Kindern zu erörtern. Sie werden staunen über die Erklärungen, die die kleinen Wissenschaftler und Philosophen selbst darauf finden!

Greifbarer wird das Erarbeiten anderer Fragen rund ums Thema, bei denen Sie den Kindern sprichwörtlich die Sterne vom Himmel holen. So verstehen und erleben auch die Kleinsten unser Planetensystem, indem sie Mars, Saturn, Uranus, Neptun und alle anderen Planeten begreifen. Und wer wollte nicht immer schon einmal Raketen steigen lassen oder einen Weltraum-Roboter programmieren? Der Astronaut Harri, der die Kinder während des gesamten Themas begleitet und zu einem guten Freund wird, erzählt von seinem aufregenden Alltag und lässt buchstäblich daran teilhaben. Schnell merken die Kinder, dass der Astronautenalltag nicht nur lustig, sondern ganz schön schweißtreibend sein kann. Harris Tipps zur Durchführung interessanter Experimente lässt die kleinen Forscher die Sonne, die Entstehung von Tag und Nacht, die Mondphasen und die Planeten-Umlaufbahnen nachvollziehen.

Doch was wäre eine reine Wissensvermittlung ohne eine tagträumerische Begegnung mit Aliens oder einem (noch) unbekannten Stern? Mit großem Freiraum für viel Fantasie gehen die Kinder auf die Reise zu „ihren" Traumplaneten, um sich anschließend – wieder mit beiden Beinen auf der Erde stehend – ganz besonders dem Schutz unseres Blauen Planeten zu widmen.

Dieses Kita-aktiv-Heft bietet Ihnen zu allen Bildungsbereichen einen mondkratergroßen Ideen-Pool und enthält darüber hinaus jede Menge Tipps zu „astronomischen" Ausflugszielen in ganz Deutschland. Zum Abschluss des Themas bietet sich ein raketenstarkes Fest an, das Sie gemeinsam mit Kindern, Eltern, Großeltern und Freunden steigen lassen können: die Weltraumsause!

Ich wünsche Ihnen und den Kindern spannende Erlebnisse und viel Freude bei der Ergründung des Alls und seiner Giganten!

Mit astronomischen Grüßen

Maggie Jung

Rückmeldung:
Gerne lese ich Ihre Meinung zu der Projektmappe **„Sonne, Mond und Sterne – das Weltall *be*greifen"**: www.maggie-jung.de

***Hinweis:**
Aus Gründen der besseren Lesbarkeit wird im Folgenden auf eine sprachliche Differenzierung der Geschlechterbezeichnungen verzichtet. Selbstverständlich sind stets alle Geschlechter angesprochen.

Vorbemerkungen und Arbeitshinweise

Zu den verwendeten Symbolen

Bildungsbereiche (jeweils das äußerste Symbol oben rechts auf den Arbeitsblättern):

 Sprachliche Bildung

 Musikalische Bildung

 Ästhetische Erziehung

 Umwelt-, Sach- und Naturbegegnung

 Gesundheit und Ernährung

 Mathematische Bildung

 Feste und Feiern

 Wahrnehmung und Entspannung

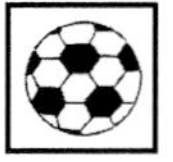 Körpererfahrung und Bewegung

 Sozialerfahrungen

Sonstige Symbole:

 geeignet für die Begabtenförderung

 für unter 3-Jährige geeignet

Layout:

- Die Seiten mit der **Rakete** im Layout unten rechts sind für Sie gedacht.
- Die Seiten mit dem **Außerirdischen** unten rechts sind Arbeitsblätter, die direkt mit den Kindern bearbeitet werden können.

Allgemeine Modellziele (Richtziele) des Themas „Sonne, Mond und Sterne – das Weltall *be*greifen“:

Die Kinder ...

- erleben und begreifen unser Planetensystem,
- lernen die Sternbilder und ihre Namen kennen,
- erfahren die Bedeutung der Sonne,
- verstehen, warum es Tag und Nacht gibt,
- lernen die Mondphasen kennen,
- planen und gestalten gemeinsam ein Fest,
- lassen ihrer Fantasie freien Lauf,
- lernen, den Blauen Planeten zu bewahren und zu schützen,
- und vieles mehr.

Die Bildungsbereiche und die angestrebten Modell- und Feinziele (auf die konkreten Angebote bezogen) gehen immer einher mit der Förderung von ...

- sozialer Kompetenz: Kommunikationsfähigkeit, Wertehaltung, Hilfsbereitschaft, Kooperationsbereitschaft, Verantwortungsübernahme
- personaler Kompetenz: Selbstwertgefühl, Selbstständigkeit, Problemlösefähigkeit, Motivation und Ausdauer, Emotionalität
- methodischer Kompetenz: Erkennen von Sinnzusammenhängen, Differenzierung von Wahrnehmungserfahrungen, Anwenden von Wissen, Fantasie und Kreativität

Vorbemerkungen und Arbeitshinweise

Tipps, Anregungen und Sachinformationen zu den einzelnen Angeboten

Zum Umgang mit den Arbeitsblättern:
Diese Projektmappe enthält einige Arbeitsblätter, deren Aufgabenstellung Sie mit den Kindern in Kleingruppen besprechen (vorlesen) müssen.
Für die Aufbewahrung der Arbeitsblätter empfehle ich, je nach Gruppensituation und organisatorischen Bedingungen, verschiedene Möglichkeiten:

- Ablagefächer (alternativ unifarben gestaltete Deckel von Kopierpapierkartons): Die Kinder haben so freien Zugriff auf die darin sortierten Arbeitsblätter und können ihre Aufgaben selbst auswählen.
- Jedes Kind verfügt über einen Schnellhefter, in den Sie regelmäßig nach Alter und Entwicklungsstand ausgewählte Arbeitsblätter (z. B. zwei Arbeitsblätter pro Woche) einheften oder diese gemeinsam mit dem Kind aussuchen. Die Kinder wählen die Zeit zur Bearbeitung entweder frei oder es gibt festgelegte Zeiten, innerhalb derer ein Kind seine Arbeitsblätter bearbeiten kann.
- Die fertiggestellten Arbeitsblätter werden im Schnellhefter oder in einer Sammelmappe / einem Sammelordner abgeheftet bzw. gehören als Anlage zur Bildungsdokumentation oder zum Portfolio.
- Es empfiehlt sich außerdem, einen (mit Geschenkpapier beklebten) Schuhkarton für andere gefertigte Objekte anzulegen.

Zu „Plakat ‚Harri, der Astronaut'", Seite 11:
Bitte kopieren Sie die Vorlage auf eine beliebige Größe. Nun kann der Astronaut bunt angemalt und das Poster anschließend gut sichtbar in der Kita aufgehängt werden.
Da Harri hin und wieder im Rahmen des Projekts in Erscheinung tritt, dient das Poster als ständiger Begleiter und kann – evtl. gemeinsam mit dem Poster „Unser Planetensystem" (s. S. 12) – als Gesprächsgrundlage zur Einführung in das Thema herangezogen werden.
Hinweis: Ein Angebot zur Kleidung eines Astronauten („Harri trägt keine Jeans") finden Sie auf S. 36 – 37.

Zu „Plakat ‚Unser Planetensystem'", Seite 12:
Auf diesem Poster können sich die Kinder die Planeten immer wieder anschauen. Zum Einprägen der Namen und ihrer Reihenfolge, von der Sonne aus gesehen, eignet sich am besten der altbewährte Merksatz:
Mein *(Merkur)* **V**ater *(Venus)* **e**rklärt *(Erde)* **m**ir *(Mars)* **j**eden *(Jupiter)* **S**onntag *(Saturn)* **u**nseren *(Uranus)* **N**achthimmel *(Neptun).*
Mit älteren Kindern können evtl. auch neue Sätze kreiert werden, zum Beispiel: „Mein Vetter Ernie muss jeden Samstag ungeheuer niesen."
Beim Ausmalen der Planeten können Sie / die Kinder sich am Cover dieses Kita-aktiv-Heftes orientieren oder an den Farbangaben der Bauanleitung des Planeten-Mobiles (s. S. 27 – 28).
Tipp: Um den Kindern das korrekte Größenverhältnis der Planeten zueinander näherzubringen, empfiehlt es sich, einen Ausflug zur nächsten Sternwarte zu unternehmen. Dort werden meist Lernwerkstätten angeboten, in denen auch das Größenverhältnis der Planeten zur Sonne oder zur Erde vermittelt wird (z. B. anhand von sogenannten Planetenwegen oder Planetenlehrpfaden), s. auch S. 8 – 9.

Zu „Interview mit Harri", Seite 13 – 16:
Zu dem Interview gehören auch die nachfolgenden Kopiervorlagen (s. S. 16 – 17) und „Eine Raumfahrt, die ist (nicht nur) lustig ..." (s. S. 71 – 72).

Zu „Die Rakete steigt", Seite 24 – 25:
Eine Rakete steigen lassen – das kennt fast jedes Kind aus der Kita oder von Geburtstagsfeiern. Bei diesem musikalischen Angebot mit den Orff'schen Instrumenten geht es aber nicht darum, die Instrumente möglichst laut krachen zu lassen, sondern die von den Instrumenten gegebene Lautstärke zu sortieren von *leise* nach *laut.*

Vorbemerkungen und Arbeitshinweise

Zu „Planeten-Mobile“, Seite 27 – 28:
Der Bau eines maßstabgerechten Mobiles ist leider nicht möglich. Dies würde den räumlichen Rahmen sprengen, selbst dann, wenn man den kleinsten der Planeten – Merkur – bloß erbsengroß darstellte. Hier ein kurzer Überblick über die Planeten und ihre Eigenschaften:

Name	Durchmesser in km	Abstand zur Sonne in Mio. km	Dauer ihrer Umlaufzeit in Tagen
Sonne	1 392 000	/	/
Merkur	4 879	58	88
Venus	12 104	108	225
Erde	12 742	150	365
Mars	6 779	228	687
Jupiter	142 984	778	4 333
Saturn	120 536	1 433	10 756
Uranus	51 118	2 872	30 687
Neptun	49 528	4 498	60 190

Zu „Mondlandung“, Seite 32:
Am 20. Juli 1969 gelang der US-amerikanischen Raumfahrtbehörde NASA mit ihrer Raumfahrtmission „Apollo 11“ die erste bemannte Mondlandung. Somit betrat Neil Armstrong als erster Mensch den Mond. Von ihm stammt der berühmte Satz: „That’s one small step for [a] man, one giant leap for mankind.”

Zu den Rezepten im Bereich „Gesundheit und Ernährung“, ab Seite 41:
Zu den Rezepten finden Sie auf der Seite 44 Bilder mit allen bei den Rezepten verwendeten Zutaten und Haushaltsgeräten sowie Pfeilen, mit deren Hilfe Sie die Rezepte bei Bedarf als großes Plakat gestalten können. Vergrößern Sie dazu die benötigten Zeichnungen auf dem Kopierer. Mit den vorhandenen Bildern können Sie auch Bildrezepte auf einem DIN-A4-Blatt erstellen, für jedes Kind kopieren und in einem Schnellhefter sammeln. So erhalten die Kinder eine eigene Bild-Rezepte-Mappe.

Bitte berücksichtigen Sie bei allen Rezepten unbedingt, ob Kinder in Ihrer Gruppe mit Allergien vorbelastet sind. Bitte die Kinder bei der Durchführung aller Küchen-Aktivitäten nie unbeaufsichtigt lassen!

Zu „Entdecke die Sternbilder!“, Seite 45 – 46:
Der „Große Wagen“ ist das bekannteste Sternbild. Es ist bei uns das ganze Jahr über sichtbar. Herkules hat einst in einem schweren Kampf den nemeischen Löwen besiegt. Das Sternbild des „Löwen“ besteht aus recht hellen Sternen und ist besonders im Frühling gut zu erkennen. Der „Adler“ ein besonders markantes Sternbild am Sommer- und Herbsthimmel, soll aus der griechischen Herakles-Sage stammen. Jedoch gibt es auch andere Deutungen zur mythologischen Herkunft. Auch der „Drache“ ist bei uns das ganze Jahr über sichtbar und gehört zu den klassischen Sternbildern der griechischen Antike.
Tipp: Wie wäre es mit einem „Sternengucker-Abend“, an dem die älteren Kinder in der Einrichtung übernachten dürfen? Es ist natürlich nicht immer ganz einfach, die Sternbilder am Himmel zu entdecken. Voraussetzung für den „Sterngucker-Abend“ in der Kita ist auf jeden Fall eine sternklare Sommernacht. Beginnen Sie mit dem Suchen eines recht einfachen Sternbildes, dem des „Großen Wagens“. Haben Sie ihn gefunden, denken Sie sich eine Verbindungslinie zwischen den beiden rechten (übereinan-

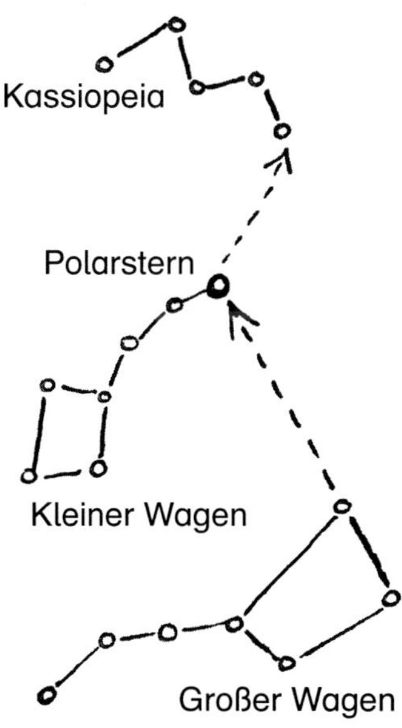

derliegenden) Sternen (s. Abb. S. 5) und führen diese Linie geradeaus weiter nach oben fort. So treffen Sie auf den – heller als andere Sterne leuchtenden – Polarstern. Dieser bildet den rechten äußeren Abschluss des „Kleinen Wagens“. Vom Polarstern ausgehend kann man dann zum Beispiel recht gut das Sternbild „Kassiopeia“ finden.

Zu „Sterne- und Planeten-Knobelei“, Seite 54:
Bei den Sudokus müssen die vier verschiedenen Symbole so eingesetzt werden, dass sie in jeder Spalte, in jeder Zeile und in jeder 4er-Kachel nur einmal vorkommen.

Zu „Hast du einen Traumplaneten?“, Seite 67:
Das Arbeitsblatt bitte beliebig vergrößert kopieren. Dieser Malaktion sollte die meditative „Reise zu einem anderen Planeten“ (s. S. 63–65) vorausgehen. Sie muss aber zeitlich nicht direkt daran anschließen. Die fertiggestellten Traumplaneten können im Kreis vorgestellt werden.
Evtl., wenn die meditative „Reise zu einem anderen Planeten“ dieser Malaktion nicht vorausgegangen ist, können vor Malbeginn Impulse gegeben werden, zum Beispiel: „Wer lebt auf deinem Traumplaneten? Sind es Menschen, Tiere oder ganz andere Wesen?“, „Gibt es Pflanzen? Vielleicht welche, die noch nie jemand zuvor irgendwo gesehen hat?“, „Gibt es Wasser, Berge …?“

Zu „Eine Raumfahrt, die ist (nicht nur) lustig …“, Seite 71–72:
„Astronauten-Shampoo“ ist in gut sortierten Drogerien oder Apotheken erhältlich. Das Trockenshampoo – praktisch in allen Lebenslagen, in denen Haarewaschen nicht möglich ist (z. B. nach einer OP) – gibt es als Pulver und als Schaum. Ideal wäre, wenn Sie Letzteres aufstöberten, denn Astronauten benutzen kein Pulver. Aufgrund der Schwerelosigkeit würde es sich im Raum verteilen und evtl. Schaden anrichten (z. B. durch das Eindringen in Computerritzen ...).

Zu „Tanz der Planeten“, Seite 74–75:
Den Planeten (bzw. den griechischen Göttern, die den einzelnen Planeten entsprechen) wurden bereits im 19. Jh. Eigenschaften zugeordnet. Der englische Komponist Gustav Holst (1874–1934) hat sich u. a. von Schriften des Autors Alan Leo, dem Vater der modernen Astrologie, inspirieren lassen und die Charaktere der Planeten musikalisch umgesetzt. So ist Merkur der geflügelte Bote, Mars der Kriegsbringer, Venus die Friedensbringerin, Jupiter der Bringer der Fröhlichkeit, Saturn der Bringer des Alters, Uranus der Magier und Neptun der Mystiker. Gustav Holst hat die Erde (leider) nicht berücksichtigt. Auf manchen CD-Einspielungen von „The Planets“ findet man außerdem die Musik zum (damals noch zu den Planeten gehörenden) Pluto – komponiert von Colin Matthews im Jahr 2000. Man wollte Pluto nachträglich berücksichtigen, da er, als Holst „The Planets“ komponierte, noch nicht entdeckt war. Pluto allerdings gilt seit 2006 nicht mehr als „Planet“, sondern gehört zu den „Zwergplaneten“. Für den „Tanz der Planeten“ eignen sich Venus, Jupiter und Uranus besonders gut, da die unterschiedlichen Charaktere in der Musik (s. „Medientipps“) für die Kinder sehr deutlich werden.

Vorbemerkungen und Arbeitshinweise

Literatur:

Zum Vorlesen (für Kinder ab 3 Jahren) und Betrachten (auch für die Jüngeren):

- Erne, Andrea: „Wieso? Weshalb? Warum? - Wir entdecken den Weltraum“, Ravensburger Buchverlag, Ravensburg, 2005, kartoniert (Klappbilderbuch), farbig illustriert, 16 Seiten, ISBN: 978-3-473-32732-4

- Ferrie, Chris; Doyle, Lizzie: „Unsere 8 Planeten“, Verlag Penguin Junior, München, 2022, Pappbilderbuch mit Stanzung, 20 Seiten, ISBN: 978-3-328-30109-7

- Jones, Rob Lloyd; Giaufret, Benedetta; Rusina, Enrica: „Aufklappen und entdecken: Im Weltraum”, Usborne Publishing, 2014, kartoniert, farbig illustriert, 14 Seiten, ISBN: 978-1-78232-116-3

- McBratney, Sam / Jeram, Anita: „Weißt du eigentlich, wie lieb ich dich hab?“, Verlag Sauerländer, Mannheim, 2004, kartoniert, farbig illustriert, 24 Seiten, ISBN: 978-3-7941-4217-0

- Spatz, Hannah; Aliyeva, Khayala: „Astroninchen greift nach den Sternen! Das Weltraum-Abenteuer des pelzigsten Astronauten der Welt.“, Falabella Verlag, 2023, gebunden, farbig illustriert, 40 Seiten, ISBN: 978-3-91032-703-0

Musik-Empfehlungen:

Zur Untermalung der Gestaltungsübung „Reise zu einem anderen Planeten” (S. 63 – 65) eignen sich:

- Lion, Derek:
  „Icelight“ aus: „Wintersun“ (Wellness Edition) – MP3-Download OnLine E-Records, Monschau, 2015
  ASIN: B0181Q8KRO

- McCartney, Paul:
  „Love Duet“ (Movement IV) aus: „Standing Stone“ (CD), London Symphony Orchestra (Lawrence Foster)
  EMI Records Ltd. / MPL Communications Ltd., London, 1997, ASIN: B000002RZ7

Zur Durchführung der Bewegungsübung „Tanz der Planeten” (S. 74 – 75) empfehle ich:

- Holst, Gustav:
  „Venus”, „Jupiter” und „Uranus”, aus: „The Planets“, London Symphony Orchestra (Geoffrey Simon),
  Delta Music GmbH, Frechen, 2004, ASIN: B0001JZHC6

Vorbemerkungen und Arbeitshinweise

„Astronomische“ Ausflugsziele:

Planetarien (PL) und Sternwarten (ST) finden sich in ganz Deutschland. Viele dieser Institutionen bieten Ausstellungen und Museen mit Aktionen für Vorschulkinder an, führen Gruppenangebote durch und öffnen ihre Türen auch gelegentlich kostenfrei („Tag der offenen Tür“). Darüber hinaus gibt es etliche Schulen, in denen Planetarien eingerichtet sind. Sie sind von Schülerinnen und Schülern sowie ihren Lehrern gestaltet und die Besichtigungen sind meist kostenfrei. (Internet-Suchmaschinen, z. B. Eingabe: „Planetarien Deutschlands“)

Baden-Württemberg:
Volkssternwarte Laupheim e. V. (PL) → *www.planetarium-laupheim.de*
Planetarium Mannheim (PL) → *www.planetarium-mannheim.de*
Carl-Zeiss-Planetarium, Stuttgart (PL) → *www.planetarium-stuttgart.de*
Sternwarte Heidelberg (ST) → *www.heidelberg-guide.com/sehenswuerdigkeiten/sternwarte-heidelberg*

Bayern:
Bayerische Volkssternwarte München (PL, ST) → *www.sternwarte-muenchen.de*
Nürnberger Astronomische Arbeitsgemeinschaft e. V. (ST) → *www.naa.net*
Sternwarte Hof (ST) → *www.sternwarte-hof.de*

Berlin:
Stiftung Planetarium Berlin (PL) → *www.planetarium.berlin*

Brandenburg:
Raumflugplanetarium „Juri Gagarin“, Cottbus (PL) → *www.planetarium-cottbus.de*
Sternfreunde Herzberg e. V. (PL, ST) → *www.planetarium-herzberg.de*
Urania Planetarium, Potsdam (PL) → *www.urania-planetarium.de*

Bremen:
Olbers-Planetarium Bremen (PL) → *https://planetarium.hs-bremen.de*

Hamburg:
Planetarium Hamburg (PL) → *www.planetarium-hamburg.de*

Hessen:
Planetarium Fulda (PL) → *www.fulda.de/planetarium*
Planetarium Kassel (PL) → *www.heritage-kassel.de/standorte/planetarium*
Astronomisch-physikalisches Kabinett Kassel (Museum) → *www.welt-kunst-kassel.de/astronomisch-physikalisches-kabinett*

Mecklenburg-Vorpommern:
Sternwarte Rostock (ST) → *www.sternwarte-rostock.de*

Niedersachsen:
Astronomischer Verein der Grafschaft Bentheim e. V. (PL, ST) → *www.avgb.de*
Planetarium Wolfsburg (PL) → *www.planetarium-wolfsburg.de*

Nordrhein-Westfalen:
Sternwarte Aachen (ST) → *www.sternwarte-aachen.de*
Zeiss-Planetarium Bochum (PL) → *www.planetarium-bochum.de*
Sternwarte Neanderhöhe Hochdahl e. V. (ST) → *www.snh.nrw/standorte/snh-planetarium*
Planetarium und Sternwarte Köln (PL, ST) → *www.koelner-planetarium.de*

Vorbemerkungen und Arbeitshinweise

Planetarium Münster (PL) → *www.lwl-naturkundemuseum-muenster.de/de/planetarium*

Rheinland-Pfalz:
Planetarium und Sternwarte Sessenbach (PL, ST) → *www.sternwarte-sessenbach.de*
Verein Sternwarte Trier e. V. (ST der Gymnasien Trier, Konz, Schweich) → *www.sternwarte-trier.de*

Saarland:
Sternwarte Peterberg, Nonnweiler (ST) → *www.sternwarte-peterberg.de*

Sachsen:
Minikosmos Lichtenstein (Klein-PL) → *www.minikosmos.de*
Volkssternwarte Drebach (PL, ST) → *www.planetarium-drebach.de*

Sachsen-Anhalt:
Sternfreunde Aschersleben e. V. (PL) → *www.sternfreunde.beepworld.de*
Planetarium Merseburg (PL) → *www.planetarium-merseburg.de*
Planetarium Halle (PL) → *www.planetarium-halle.de*

Schleswig-Holstein:
Menke Planetarium der Hochschule Flensburg (PL) → *www.planetarium-gluecksburg.de*
Sternwarte der Fachhochschule Kiel (ST) → *www.fh-kiel.de/index.php?id=187*

Thüringen:
Zeiss-Planetarium Jena → *www.planetarium-jena.de*

Planetenwege von A bis Z finden sich ebenso jede Menge in ganz Deutschland. Das sind Wanderwege, auf welchen ein meist maßstabgetreues Modell des Sonnensystems dargestellt wird. Es gibt sie zum Beispiel in:
Cottbus (am Planetarium), **D**rebach (am Planetarium, s. auch oben) → *www.planetarium-drebach.de/planetenwanderweg-2,* **E**ffelsberg (am Radioteleskop) → *www.mpifr-bonn.mpg.de/effelsberg/besucher/planetenweg,* **F**reiburg (entlang der Dreisam) → *www.freiburger-planetenweg.de*, **G**ondelsheim → *www.gondelsheim.de/kultur-und-tourismus/#gondeslheimer_planetenweg,* **H**eidelberg (an der Landessternwarte Königsstuhl), **I**ngolstadt → *www.astronomie-ingolstadt.de/programm-ausflugsziele*, **K**assel → *www.nordlandfreun.de/a_plwegks.html,* **L**udwigsburg → *www.gruene-nachbarschaft.de/unsere-projekte/eine-spannende-reise-durch-unser-Sonnensystem/,* **M**arburg → *www.marburg-tourismus.de/oa/tour#ipd=59051764,* **P**lön (am Großen Plöner See) → *www.marcopolo.de/reisefuehrer-tipps/ploen/ploener-planetenpfad-poi-122429704.html,* **R**ecklinghausen (an der Sternwarte) → *sternwarte-recklinghausen.de/einrichtungen/planetenweg,* **T**irschenreuth (an der Sternwarte) → *www.sternwarte-tirschenreuth.de/?content=pln,* **U**lm, **W**arnemünde → *www.svenlorenzen.de/planetenweg.html,* **Z**ellingen → *www.markt-zellingen.de/seite/ze/main-spessart/1285/-/Planetenweg.html*

Kopiervorlage „Elternbrief“

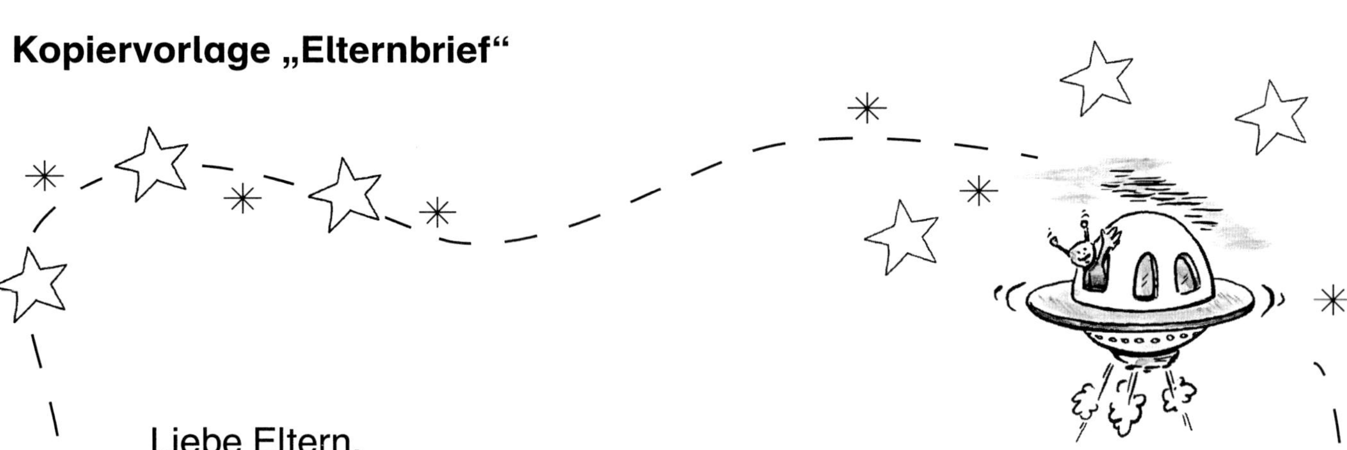

Liebe Eltern,

in den nächsten Monaten möchten wir mit Ihren Kindern die Weite des Alls erkunden. Wir werden nicht nur die Sonne, den Mond und die Sterne zum Thema machen, sondern auch unser Planetensystem, den Alltag eines Astronauten und nicht zuletzt unsere Erde.

Wir werden Experimente durchführen, den Nachthimmel beobachten, die Planeten tanzen lassen und Geschichten hören. Die Kinder lernen neue Lieder und Spiele kennen, reisen zu fernen Traumplaneten und lernen, unsere wertvolle Erde – den Blauen Planeten – zu lieben und zu schützen.
Sicherlich wird es wieder die eine oder andere Eltern-Kind-Aktion geben, bei denen wir auf Ihre tatkräftige Unterstützung zählen.
Außerdem möchten wir gegen Ende des Projektes eine große Weltraumsause starten, zu der wir Sie, liebe Eltern, und Ihre Angehörigen beizeiten einladen werden.

Gerne dürfen Sie sich jederzeit in unserer Einrichtung über die laufenden Aktivitäten des Projektes erkundigen.
Wir freuen uns auf Ihren Besuch!

Es grüßt Sie herzlich

Ihr Kita-Team!

Plakat „Harri, der Astronaut“

Plakat „Unser Planetensystem"

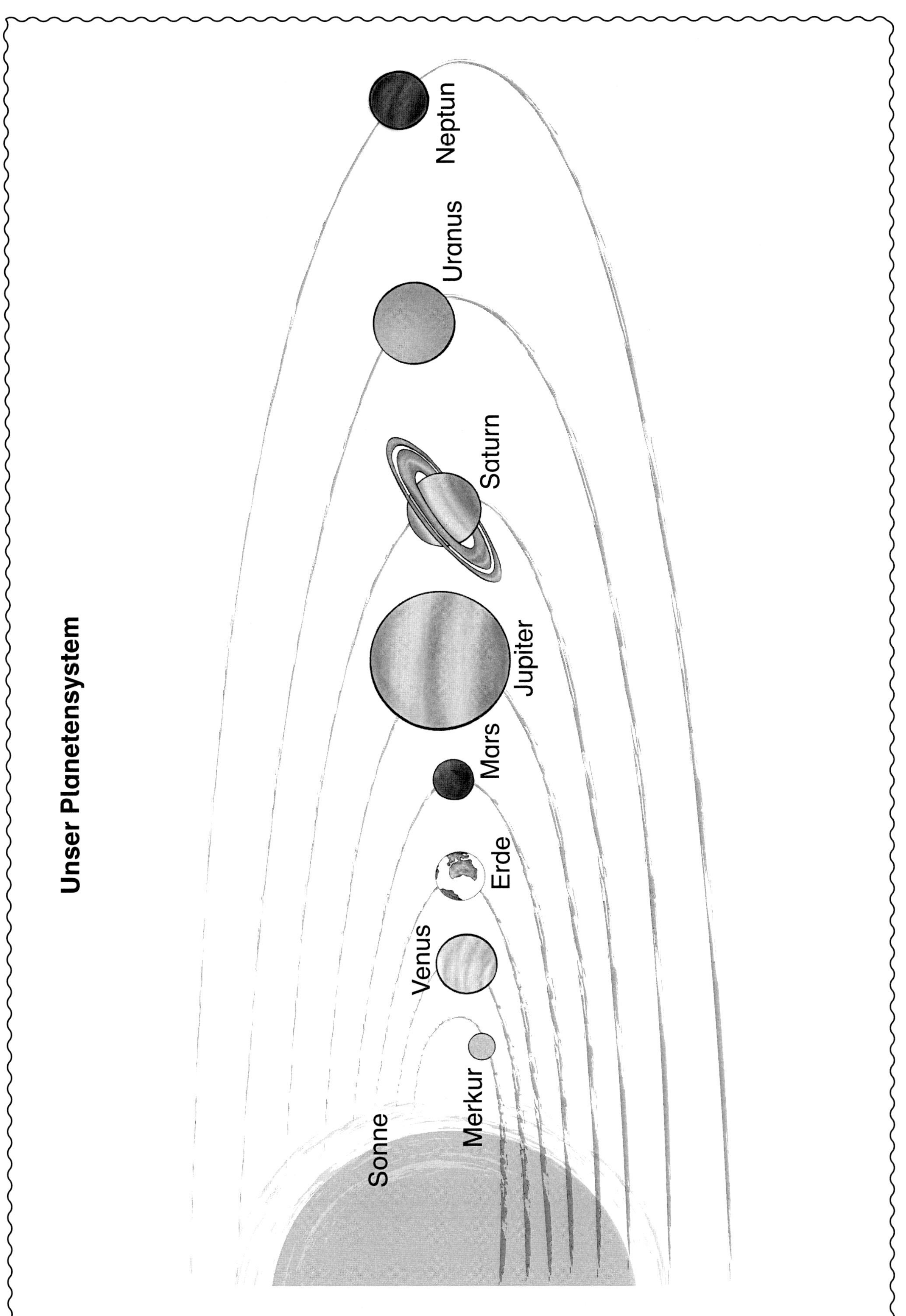

Interview mit Harri (1) (ab 5 Jahren)

Lena, Max, Carmen und Jonas möchten es genau wissen. Sie besuchen Harri, den Astronauten, und stellen ihm viele aufregende Fragen ...

Kinder: Hallo, Harri! Dürfen wir dir ein paar Fragen stellen?

Harri: Hallo, ihr vier. Schön, dass ihr gekommen seid. Na klar dürft ihr fragen. Nur zu, legt los!

Lena: Sag mal, wie wird man eigentlich so ein Astronaut, wie du einer bist? Muss man dazu viele Bücher lesen?

Harri: Weißt du, Lena, Astronautenschulen – so wie es zum Beispiel Schulen für Bäcker oder Mechaniker gibt – gibt es nicht direkt. Prima ist es, wenn du schon jede Menge über das Weltall gelesen und gelernt hast. Dann kannst du dich zum Beispiel beim Europäischen Astronautenzentrum bewerben – so wie ich. Dort wird getestet, ob du fit bist und ob du die Strapazen überhaupt aushalten kannst, die der Astronauten-Beruf mit sich bringt. Dann folgt ein Training, das ein paar Jahre dauern kann; aber – puh! – das ist sehr, sehr anstrengend.

Max: So ein Raumfahrtanzug ist ja irre. Brauchst du Hilfe, um den anzuziehen oder wie geht das?

Harri: Tja, Max, das ist tatsächlich so eine Sache und eben nicht ganz einfach. Aber das wird in der Astronauten-Ausbildung trainiert, schließlich müssen ja alle Teile des Anzugs an der richtigen Stelle sitzen. Am Anfang braucht man Hilfe, doch nach einer gewissen Zeit schafft man das ganz gut allein und immer schneller.

Carmen: Harri, was machst du eigentlich im Weltall – oder fliegst du nur so zum Spaß dorthin?

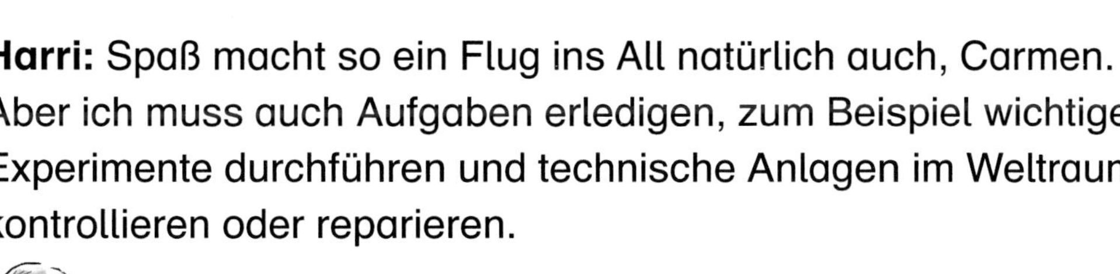

Harri: Spaß macht so ein Flug ins All natürlich auch, Carmen. Aber ich muss auch Aufgaben erledigen, zum Beispiel wichtige Experimente durchführen und technische Anlagen im Weltraum kontrollieren oder reparieren.

Lena: Ist ja irre!

Max: Wow! Das klingt ja spannend!

Interview mit Harri (2) (ab 5 Jahren)

Carmen: Das ist bestimmt ganz schön anstrengend!

Jonas: Mein Papa repariert Autos und muss dabei immer ganz aufmerksam sein, damit er keine Fehler macht.

Harri: Das kann mal wohl sagen. Bei einer Mission, so nennt man die Reisen von Astronauten, darf mir nämlich kein einziger Fehler passieren. Ich muss also alles genau planen und mich sehr gut konzentrieren. Das schlaucht ganz schön.

Jonas: Ich habe mal gehört, dass man im Weltall schwebt wie ein Drachen im Wind. Stimmt das?

Harri: Ja. Alles schwebt. Es gibt nämlich keine Erdanziehungskraft, die, wie hier auf der Erde, alles am Boden hält. Man nennt das auch Schwerelosigkeit. Jonas, nimm doch einmal bitte deine Kappe vom Kopf, halte sie fest und dann öffne deine Hand.

Jonas: Platsch, jetzt liegt sie auf dem Boden. Ja ... und ...?

Harri: Wenn du im All wärst und dort deine Kappe losließest, würde sie nicht zu Boden fallen, sondern im Raum schweben.

Lena: Das ist ja cool! Aber wie ist es dann für einen Astronauten möglich zu essen, ohne dass das Essen wegschwebt?

Harri: Gute Frage, Lena. Ich esse meistens direkt aus Dosen oder Aluschalen, die ich vorher auf dem Tisch festschnalle. Natürlich ist der Tisch selbst auch im Raum befestigt. Viele Nahrungsmittel sind klebrig, damit sie an der Gabel haften bleiben. Salz und Pfeffer gibt es nur als Paste, da uns sonst die umherschwebenden Körnchen in die Augen fliegen oder die Computer beschädigen könnten. Das wäre gefährlich. Getränke gibt es nur aus Beuteln, die spezielle Strohhalme enthalten. So ein Mittagessen ist also ein wahres Abenteuer.

Lena: Kannst du dir im All überhaupt mal die Haare waschen?

Max: Und wie funktioniert das mit der Toilette und mit dem Schlafen?

Harri: Die Haare so zu waschen, wie du es machst, Lena, klappt nicht. Ich gebe ein Fertigshampoo auf meine Haare und reibe anschließend mit einem Tuch darüber. Fertig. Wasser benötige ich nicht. Eine Toilette im Raumschiff sieht natürlich völlig anders aus, als eine normale. Sie hat Absaugrohre, damit nichts danebengehen kann. Ganz klar: Auf der Toilette muss ich mich vorher natürlich

Interview mit Harri (3) (ab 5 Jahren)

auch anschnallen. Das Gleiche gilt für das Schlafen: Erst schnalle ich meinen Schlafsack fest, dann schlüpfe ich hinein. Übrigens lässt es sich auch prima in aufrechter Haltung schlafen oder kopfüber.

Carmen: Du, Harri, gibt es eigentlich Aliens, also Außerirdische?

Harri: Quatsch! Außerirdische gibt es nur in meinen Träumen oder in lustigen Geschichten und Filmen. Es ist ja auch ganz witzig, sich merkwürdig aussehende Männchen vorzustellen, die mit ihrem Raumschiff plötzlich auf unserer Erde oder auf anderen Planeten landen, nicht wahr?

Carmen: Hm, ich stelle sie mir klein und grasgrün vor ...

Lena: ... und ich blau mit riesigen, abstehenden Ohren.

Max: Wie wär's mit gelb-orange gestreiften Bäuchen ...?

Jonas: Oder mit großen lila Plattfüßen ...

Harri: Na, ihr habt ja die tollsten Ideen! So, nun wird es aber Zeit! Ich muss zum Training. Als Astronaut muss ich schließlich fit bleiben und mich außerdem auf meine nächste Mission vorbereiten.

Jonas: Bitte noch eine letzte Frage, Harri. Wo bist du lieber: mit dem Raumschiff im Weltall unterwegs oder zu Hause?

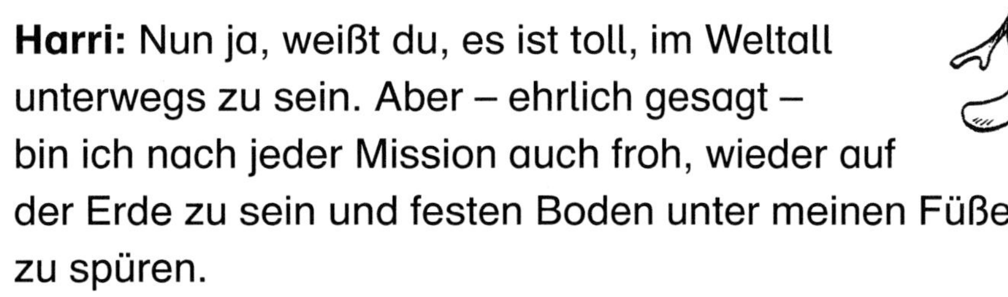

Harri: Nun ja, weißt du, es ist toll, im Weltall unterwegs zu sein. Aber – ehrlich gesagt – bin ich nach jeder Mission auch froh, wieder auf der Erde zu sein und festen Boden unter meinen Füßen zu spüren.

Alle: Danke, Harri. Und bis bald!

Während Sie das Interview vorlesen, werden – begleitend zu den Fragen von Lena, Max, Carmen und Jonas und zu Harris Antworten – die Bildkarten (Kopiervorlage s. S. 16 – 17) in der Stuhlkreismitte auf dem Fußboden ausgelegt oder an der Wand befestigt.
Anschließend erzählen die Kinder mit Hilfe der Bildkarten in eigenen Worten von Harris „Weltraum-Alltag", zum Beispiel „Um Astronaut zu werden, musste Harri erst ganz viel trainieren", „Wenn Harri im Weltall unterwegs ist, führt er Experimente durch." oder „Harri kann sich die Haare waschen, indem er ..."
Das Interview mit Harri kann auch nachgespielt werden: Jeweils ein Kind interviewt und ein anderes antwortet / die anderen Kinder antworten. Die Karten mit den Fragezeichen helfen bei der Fragestellung; die Karten mit dem Ausrufezeichen bei der Beantwortung.

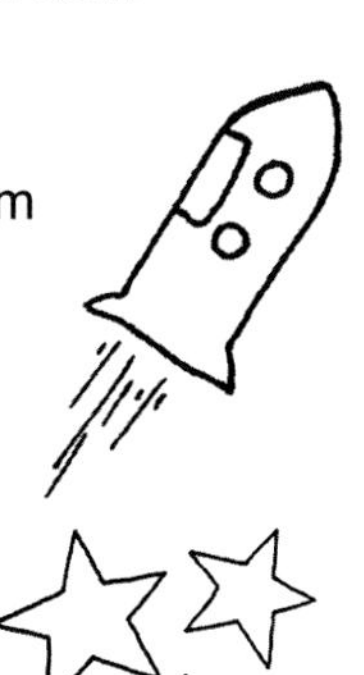

Kopiervorlage „Interview mit Harri" (1) (ab 5 Jahren)

(Bildkarten auf beliebige Größe kopieren, ausmalen und an den gepunkteten Linien ausschneiden.)

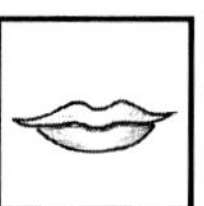

Kopiervorlage „Interview mit Harri“ (2)

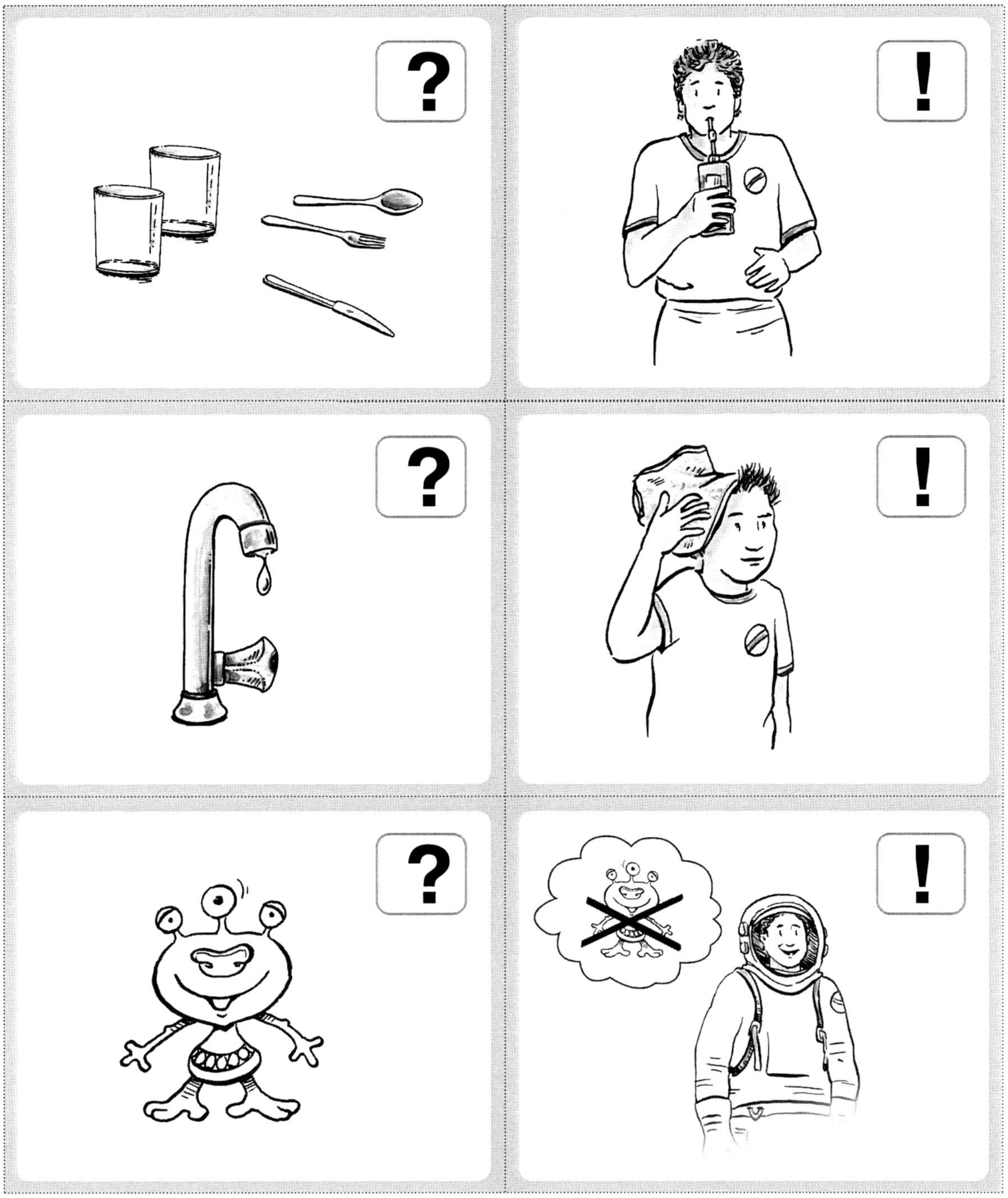

?

!

?

!

?

!

Tipp: Bildkarten doppelt kopieren, auf Tonpapier kleben, ggf. laminieren und Memo-Spiel spielen!

Sternlein-Tanz (ab 2 Jahren)

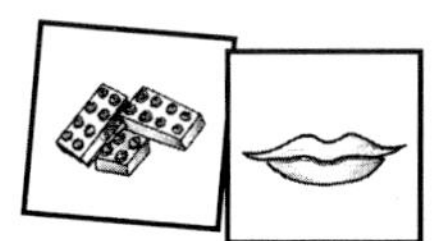

Alle Teilnehmer haben nackte Füße und sitzen mit angewinkelten Beinen auf dem Fußboden (Teppich, Decken ...) in einem großzügig angelegten Kreis.
Sie beginnen. Strecken Sie Ihre Beine aus und sprechen Sie den Text der ersten Strophe. Bei „Zehn Sternlein blinken" wackeln Sie mit Ihren Zehen. Bei „Schau'n sich um ..." bewegen Sie Ihre Füße (die Fersen behalten Kontakt zum Boden) nach links und nach rechts. Bei „... plötzlich waren da viel mehr" streckt das Kind neben Ihnen die Beine aus – und es geht weiter mit der zweiten Strophe usw.
Bei der letzten Strophe wackeln alle ganz kräftig mit ihren Zehen und tanzen dabei mit den Füßen (nach links und rechts bewegen, kreisen, nach oben anheben ...).

1. Zehn Sternlein blinken ach so klar. Ist das nicht einfach wunderbar? Doch sind die Sternlein sehr allein, sie wollen gern zu vielen sein! Schau'n sich um und schau'n umher, und plötzlich waren da viel mehr.

2. Zwanzig Sternlein blinken klar, ist das nicht einfach wunderbar? Doch sind die Sternlein sehr allein, sie wollen gern zu vielen sein! Schau'n sich um und schau'n umher, und plötzlich waren da viel mehr.

3. Dreißig Sternlein blinken klar, ist das nicht einfach wunderbar? Doch sind die Sternlein sehr allein, sie wollen gern zu vielen sein! Schau'n sich um und schau'n umher, und plötzlich waren da viel mehr.

4. Wenn so viel Sternlein blinken klar, dann ist das einfach wunderbar! Nun sind sie nicht mehr so allein und müssen nie mehr einsam sein! Tanzen hin und tanzen her, wild im Kreis, das ist nicht schwer.

Im Weltraum stimmt was nicht! (von 4 bis 6 Jahren)

Spielvarianten mit Motivkärtchen für kleine Weltraumforscher

Herstellung der Motivkärtchen:
Die Motivkärtchen (s. Kopiervorlage, S. 20) werden bunt ausgemalt, ausgeschnitten und evtl. laminiert. In die leeren Kästchen können noch zusätzlich eigene Ideen gemalt werden.

Aufgabe:
Die kleinen Weltraumforscher sollen in den Wortreihen den jeweils nicht dazugehörigen Begriff ausfindig machen.

1. Rakete – **Boot** – Mondfahrzeug
2. Sterne – Mond – **Laterne**
3. **Alexander** – Saturn – Mars
4. Erde – Sonne – **Ball**
5. **Maler** – Astronaut – Sterngucker
6. Mond – **Fuß** – Erde
7. **Lastkraftwagen** – Roboter – Rakete
8. Sternbild – **Blume** – Fernrohr

Spielvariante 1:
Legen Sie die jeweiligen drei Kärtchen vor den Kindern in eine Reihe und benennen Sie die Motive. Die kleinen Weltraumforscher drehen das falsche Kärtchen um. Die Übung kann mit einzelnen Kindern erfolgen oder mit mehreren gemeinsam. Letztere Möglichkeit bietet sich auch als kleines Wettspiel (für Kinder gleichen Alters bzw. mit den gleichen Vorkenntnissen) an: Wer zuerst den falschen Begriff (das falsche Motiv) entdeckt, erhält das jeweilige Kärtchen. Sieger ist der Weltraumforscher, der am Ende die meisten Kärtchen gesammelt hat.

Hinweis:
Ein gesteigerter Schwierigkeitsgrad ist durch das Auslassen der visuellen Komponente möglich: Die Kinder benennen nur aufgrund der gehörten Begriffe die nicht dazugehörigen Wörter.

Spielvariante 2:
Alle Kärtchen werden mit den Motivseiten nach oben auf den Tisch gelegt und gemischt. Die Forscher suchen alle Begriffe (Motive) heraus, die nicht zum Thema passen. Als Wettspiel: Wer nach einer vorher vereinbarten Zeit die meisten falschen Kärtchen gefunden hat, ist Sieger.

Spielvariante 3:
Wieder liegen die Kärtchen mit den Motivseiten nach oben und gemischt auf dem Tisch. Alle Weltraumforscher versuchen, so viele Motivpaare (z. B. Sonne – Mond, Rakete – Astronaut) wie möglich zu finden. Natürlich sind hier mehrere Kombinationen richtig. Das Spiel kann auch ausgedehnt werden auf das Suchen von drei (vier) zusammengehörigen Motiven. Als Wettspiel: Gewonnen hat, wer in der abgesprochenen Zeit möglichst viele Paare (3er-, 4er-Motivgruppen) gefunden hat.

Spielvariante 4:
Diesmal liegen die Kärtchen mit den Motivseiten nach unten auf dem Tisch und werden gut gemischt. Zwei bis vier kleine Forscher decken abwechselnd je ein Kärtchen auf. Sobald ein Kind der Spielrunde zwei (drei, vier) zusammengehörige Motive entdeckt, ruft es laut „Entdeckung“ und darf sich die Kärtchen nehmen. Wer am Ende die meisten Kärtchen gesammelt hat, ist Sieger unter den Weltraumforschern.

Kopiervorlage „Im Weltraum stimmt was nicht!“

(Bitte auf die gewünschte Größe hochkopieren.)

RAKETE	BOOT	MOND-FAHRZEUG	STERNE	MOND
LATERNE	ALEXANDER	SATURN	MARS	ERDE
SONNE	BALL	MALER	ASTRONAUT	STERNGUCKER
MOND	FUẞ	ERDE	LKW	ROBOTER
RAKETE	STERNBILD	BLUME	FERNROHR	

Wie sprechen eigentlich Aliens? (ab 5 Jahren)

Hat Astronaut Harri nur geträumt oder ist er bei seiner Reise durch das Weltall doch einmal Lebewesen von einem anderen Stern begegnet? So oder so: Die ulkigen Wesen haben jedenfalls merkwürdig gesprochen. Sogleich hat Harri Karten gebastelt und ihre Sprache aufgeschrieben.

Hinweis:
Auf der Vokalkarte des Buchstaben I ist der Io, ein Jupitermond, abgebildet. Begriffsalternativen, die sowohl thematisch passend als auch kindgerecht wären, ließen sich leider nicht ermitteln. Daher ist es empfehlenswert, den Kindern vor Beginn der Übung die Begriffe Io, Orion und Uranus zu erläutern, zum Beispiel: „Am Nachthimmel sehen wir nur einen Mond. Aber im großen Weltall gibt es noch viele weitere Monde. Einer davon heißt Io ..."; „Die Sterne am Himmel stehen meist in Gruppen zusammen; dadurch entstehen manchmal richtige Bilder am Himmel. Eines dieser Sternbilder heißt Orion. Es ist benannt nach einem griechischen Jäger ..." und: „Uranus ist der drittgrößte Planet unseres Sonnensystems. Manchmal lässt er sich sogar durch ein Fernrohr entdecken ..."

Material:
zum Basteln der Buchstabenkarten: Kopiervorlage „Wie sprechen eigentlich Aliens?" (s. S. 22), Buntstifte, Tonkarton (ca. DIN A3), 1 Klebestift, 1 Schere, evtl. Selbstklebefolie oder Laminiergerät und -folie
für die Kreisrunde: gebastelte Buchstabenkarten, 1 Tuch

Arbeitsanleitung Buchstabenkarten:
Die Karten anmalen, auf Tonkarton kleben und ausschneiden. Anschließend mit Selbstklebefolie versehen oder laminieren.

Ablauf:
1. Die Kinder sitzen im Halbkreis um Sie herum, während Sie von Harri und seinen Notizen erzählen, die er sich zur Aliensprache gemacht hat. Halten Sie die einzelnen Karten hoch und stellen Sie sie vor; betonen Sie dabei die Vokale stärker: „Das ist ein A – wie Astronaut." Die Kinder sprechen die Vokale nach.
2. Legen Sie die Karten in der richtigen Vokalreihenfolge nebeneinander auf ein Tuch. Sprechen Sie „A-e-i-o-u" und verbinden Sie die Buchstaben dabei, während Sie auf die jeweiligen Vokale deuten. Die Kinder sprechen mit. Dabei ist darauf zu achten, dass die einzelnen Vokale – trotz des Miteinanderverbindens – deutlich ausgesprochen werden.
   Tipp: Hier sollten die Kinder ermuntert werden, ihren Mund beim Sprechen weit zu öffnen. („Bei wem kann ich die Buchstaben von den Lippen ablesen?").
3. „Harri hat noch einen anderen Dialekt gehört, und der geht so: Alla-ella-illa-olla-ulla." (Auch: Alle-elle-ille-olle-ulle, Alli-elli-illi-olli-ulli, Allo-ello-illo-ullo, Allu-ellu-illu-ollu-ullu). Deuten Sie wieder auf die jeweiligen Karten und achten beim Sprechen darauf, dass die Anfangsvokale deutlich herausgestellt werden.
4. „Wem fällt noch ein Dialekt ein, den die Aliens gesprochen haben könnten?"
   Zum Beispiel: Amba-emba-imba ..., Ara-era-ira ..., Abba-ebba-ibba ..., Ascha-escha-ischa …
5. Können die Kinder den Vokalkarten die richtige Aussprache sicher zuordnen, können weitere Übungen erfolgen: „Wer von euch möchte selbst eine ganz neue Aliensprache erfinden?" – Die Kinder dürfen die Karten in beliebiger Reihenfolge nebeneinanderlegen, zum Beispiel e-o-i-u-a. Gemeinsam (oder einzelne Kinder) können sie dazu eine Sprache kreieren, möglicherweise: Effi-offi-iffi-uffi-affi usw.

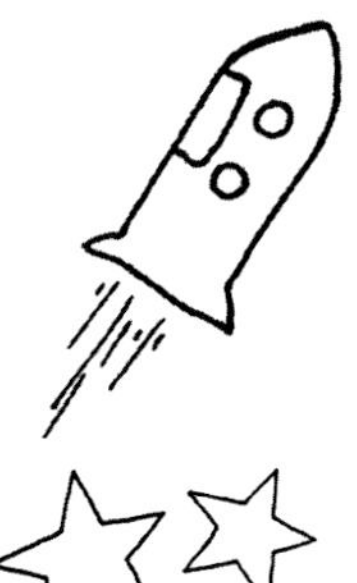

Kopiervorlage „Wie sprechen eigentlich Aliens?“

(Bitte ggf. hochkopieren.)

A

ASTRONAUT

E

ERDE

I

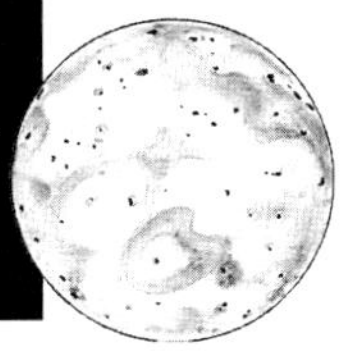

IO

O

ORION

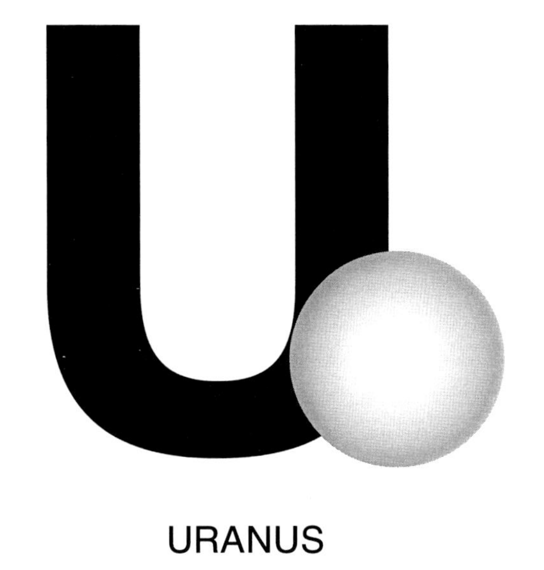

URANUS

BVK • Maggie Jung: Kita aktiv „Sonne, Mond und Sterne – das Weltall begreifen“

Marsmann-Song **(ab 2 Jahren)**

Das Lied kann auch als Bewegungsspiel (im Stehen oder Sitzen) durchgeführt werden:

- Beim ersten „Hallo“ mit dem Arm winken.
- Bei „... ich bin ein Marsmann“: mit dem Zeigefinger auf sich selbst zeigen.
- Bei „... vom andern Stern“: mit dem Daumen über die eigene Schulter deuten.
- Bei „... vielleicht etwas ulkig aus“: die beiden Zeigefinger an den Kopf setzen (als seien sie Antennen) und dabei mit dem Oberkörper rhythmisch zu den Seiten bewegen.
- Bei „... fern“: die flache Hand über die Augen halten und in die Ferne schauen, dabei den Oberkörper nach vorn bewegen.
- Bei „Wir sprechen ...“: beide Arme in die Hüften stützen.
- Bei „Oi ...“ den Oberkörper rhythmisch zu den Seiten drehen.

Geübte Sänger können probieren, mit jeder Lied-Wiederholung das „Oi-di-du-doi ...“ immer schneller zu singen.

Die Rakete steigt (1) (ab 3 Jahren)

Hinweis:
Auch wenn die Kinder bereits Erfahrung mit Orff-Instrumenten haben, sollte auf jeden Fall eine Kennenlern-/Experimentierphase erfolgen. Das Angebot möglichst immer nur mit einer Kleingruppe von sechs Kindern durchführen. Es kann (je nach Alter und Aufnahmefähigkeit der Kinder) auf zwei Termine aufgeteilt werden (Punkte 1 und 2 des Angebots sollten dabei möglichst an einem Termin durchgeführt werden.).

Material:
für die Vorbereitungen: Schere, dünner Karton, Kleber
für die Durchführung des Angebots: 13 Sitzkissen, folgende Orff-Instrumente: Fingercymbeln, 1 Schellenkranz, 1 Triangel, 1 Holzblocktrommel, 1 Sopran-Glockenspiel, 1 Tenor-Metallophon (Selbstverständlich können auch andere Instrumente genommen werden; sie sollten allerdings eine hörbare Steigerung in der ihnen möglichen Lautstärke aufweisen), Kopiervorlage „Symbolkärtchen" (Vorlage s. S. 25) und Kopiervorlage „Rakete" (Vorlage s. S. 26), 10 Posterstrips (sind leicht wieder abzulösen), 1 rotes und 1 grünes Tuch

Vorbereitungen:
Plakat „Rakete" und „Symbolkärtchen" herstellen, wie auf den jeweiligen Kopiervorlagen beschrieben.
Für das Angebot sollte man einen größeren Raum auswählen (z. B. eine Turnhalle, die Aula oder auch das Foyer der Kita). Im Raum sind sechs Sitzkissen verteilt, neben denen jeweils ein Instrument angeordnet ist (Instrumenten-Stationen). In einer Ecke des Raumes werden sieben Sitzkissen im Halbkreis ausgelegt. Das Plakat, die Symbolkärtchen sowie die Posterstrips sollten zunächst noch verdeckt bereitliegen.

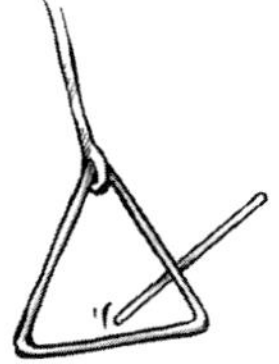 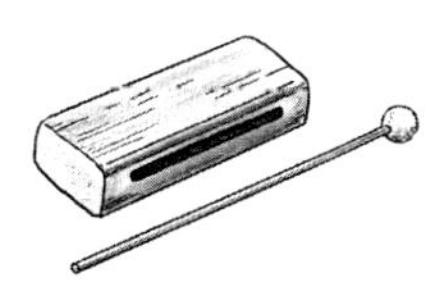 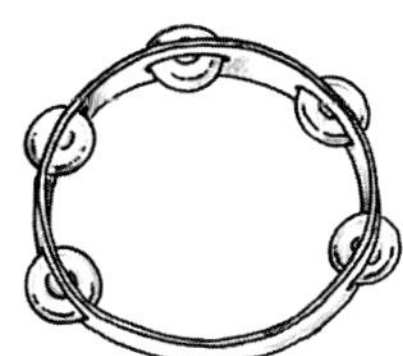 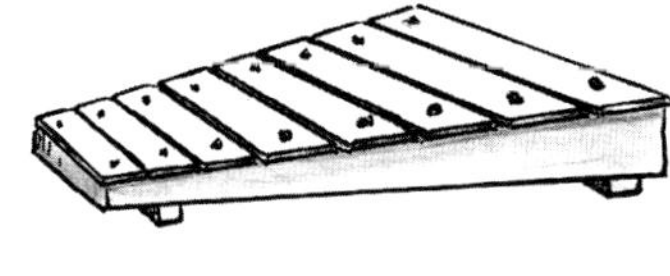

1. Kennenlern- und Experimentierphase:
- Die Kinder sitzen auf den Kissen in der Ecke des Raumes im Halbkreis und erhalten zunächst entsprechende Anweisungen für diese Phase.
- Dann gehen die Kinder zu den Sitzkissen mit den Instrumenten und probieren nacheinander die Instrumente aus, auch im Hinblick auf ihre Lautstärke.
- Heben Sie das rote Tuch, verstummen alle Instrumente und die Kinder gehen zur jeweils nächsten Station. Erst wenn Sie ein grünes Tuch heben, geht das Experimentieren wieder los. (Die Regel mit den Tüchern ist wichtig, da gerade eine solche Experimentierphase die Kinder oft verleitet, wild drauflos zu spielen bzw. möglichst schnell zur nächsten Station zu rennen).
- Die Zeit an einer Station sollte ca. drei Minuten betragen. Alle Kinder sollten ein Mal an jeder Station gewesen sein.

2. Vorstellungs- und Zuordnungsrunde:
- Alle Kinder kommen zum Halbkreis zusammen und bringen ihr jeweils letztes Instrument mit. (Bei dem Tenor-Metallophon ist Ihre Hilfe notwendig).
- Der Reihe nach stellt jedes Kind „sein" Instrument vor: Es spielt kurz darauf und versucht, es zu beschreiben: Wie klingt es? Ist es leise/laut? Wie ist die Lautstärke im Vergleich zum vorhergehenden Instrument des/der Sitznachbarn/-nachbarin?
- Nun wird das Plakat mit Hilfe von vier Posterstrips an einer Wand (oder einer Stuhllehne) für die Kinder gut sichtbar aufgehängt; die Symbolkärtchen werden auf dem Boden ausgebreitet. Gemeinsam überlegen alle, welches Instrument das leiseste ist, welches etwas lauter, welches noch lauter, ... welches am lautesten ist.
- Die Instrumenten-Symbolkärtchen werden mit Hilfe von Posterstrips an der entsprechenden Stelle in der Rakete angebracht (Stufe 1 = unten = ganz leise, Stufe 6 = oben = ganz laut).

Die Rakete steigt (2) (ab 3 Jahren)

Tipp: Die Anordnung der Instrumente kann wie folgt aussehen:

Stufe 1: Tenor-Metallophon
Stufe 2: Sopran-Glockenspiel
Stufe 3: Holzblocktrommel
Stufe 4: Triangel
Stufe 5: Schellenring
Stufe 6: Fingercymbeln

3. Die Rakete steigt:

- Zeigen Sie mit dem Finger die jeweilige Raketenstufe an, beginnend bei Stufe 1.
- Immer wenn die jeweils nächste Stufe angezeigt wird, bleibt das vorangegangene Instrument stumm.
- Die Instrumente sollten möglichst ohne Pause aneinander anknüpfen.
- Dann wechseln die Kinder die Instrumente. Es folgen noch fünf Raketensteigungen, sodass jedes Kind einmal jedes Instrument gespielt hat.

Variante:
Die Rakete kann auch „steigen", indem alle Instrumente weiterspielen, bis das letzte Instrument erklingt.

Kopiervorlage „Symbolkärtchen"

(Bitte ggf. hochkopieren, auf dünnen Karton kleben, anmalen und ausschneiden.)

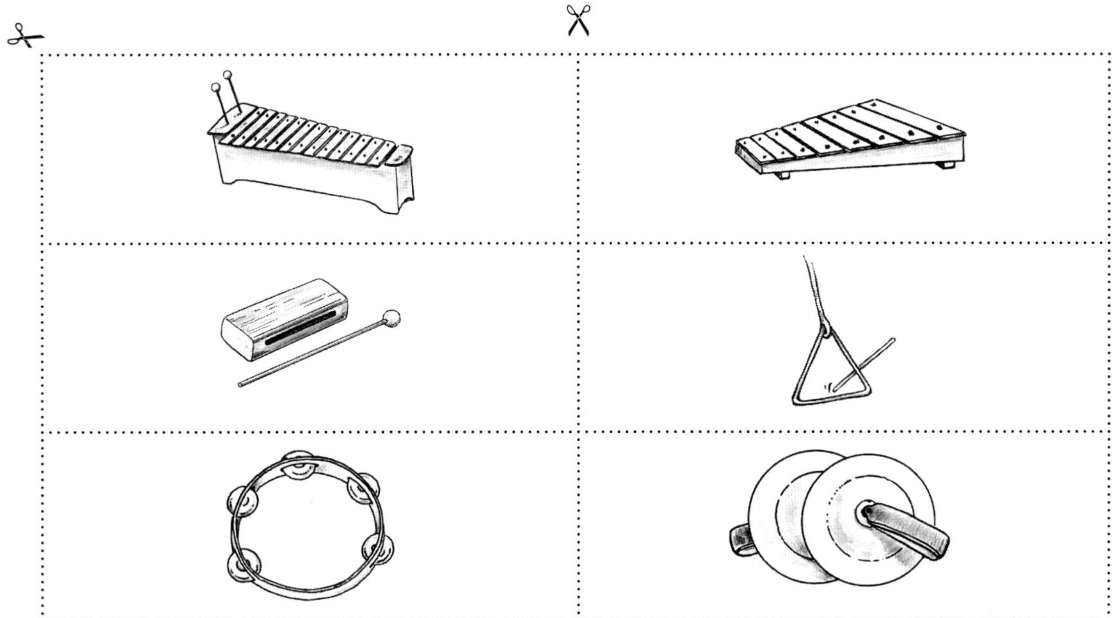

BVK • Maggie Jung: Kita aktiv „Sonne, Mond und Sterne – das Weltall begreifen"

Kopiervorlage „Rakete“

(Bitte ggf. hochkopieren, auf dünnen Karton kleben, anmalen und entlang der gepunkteten Linie ausschneiden.)

Planeten-Mobile (1) (ab 3 Jahren)

Hinweis:
Ein Planeten-Mobile absolut maßstabgetreu zu bauen, ist aufgrund der sehr unterschiedlichen Planetengrößen und ihrer weiten Entfernungen zur Sonne nicht möglich. Diese Bauanleitung gibt jedoch das Größenverhältnis der Planeten zueinander annähernd richtig wieder – abgesehen von der Sonne. Diese müsste im Modell eigentlich die doppelte Größe haben als in der Anleitung angegeben, nämlich 100 cm. Auch die eigentliche Entfernung der jeweiligen Planeten zur Sonne ist in der Bauanleitung nicht berücksichtigt, wohl aber die richtige Reihenfolge der Planeten in ihrem Abstandsverhältnis zur Sonne, das heißt, Merkur ist der Sonne am nächsten, Neptun am weitesten entfernt (siehe hierzu auch die Informationen unter „Vorbemerkungen und Arbeitshinweise“).
Da das Mobile selbst einen Umfang von ca. 2 m hat, überlegen Sie vor Beginn der Arbeiten, wo es später platziert werden kann, zum Beispiel in einer Ecke des Kita-Foyers oder im Flur. Ein Planeten-Modell herzustellen eignet sich prima als Eltern-Kind-Aktion.

Material:
2 Holzstäbe von je 180 cm Länge und einem Durchmesser (Ø) von 1 – 1,5 cm, 1 Bleistift, 20 – 30 cm stabile Paketschnur, 1 Schere, Styropor®-Kugeln (alternativ auch Papierkugeln; bzw. je nach Verfügbarkeit können Styropor®- mit Papierkugeln kombiniert werden) in folgenden Größen:

- 50 cm Ø (Sonne)
- 3 cm Ø (Erde)
- 25 cm Ø (Saturn)
- 1 cm Ø (Merkur)
- 1,5 cm Ø (Mars)
- 10 cm Ø (Uranus)
- 3 cm Ø (Venus)
- 30 cm Ø (Jupiter)
- 12 cm Ø (Neptun)

Bleistift, Paketschnur, Acrylfarben (hauptsächlich Blau- und Brauntöne, Gelb, Ocker, Rot und Orange, Weiß), Borstenpinsel in verschiedenen Stärken, Lappen (für die Hände), Malkittel, Wasserbecher, Abdeckung für den Tisch, 2 Holzstäbchen (z. B. Schaschlikspieße) von je ca. 20 cm Länge, 1 Zirkel, Tonkarton (30 x 30 cm), flüssiger Bastelkleber (aus der Tube), feine Nylonschnur (ca. 3 m plus ca. 8 m für das spätere Aufhängen des Mobiles), 9 Streichhölzer, 1 längeres Holzstäbchen (z. B. 1 Schaschlikspieß, wie oben), 1 lange Nähnadel, evtl. 1 Handbohrer, Deckendübel, -nagel oder -haken und Aufhängewerkzeug (Hammer oder Bohrer).

Arbeitsanleitung:
1. Bei beiden Holzstäben wird mit einem Bleistift die Mitte markiert. Dann werden sie über Kreuz mittels Paketschnur zusammengebunden, sodass ein stabiles Gefüge (Mobilekreuz) entsteht (Abb. 1).

Abb. 1: Mobile-Kreuz

2. Die Styropor®- bzw. Papierkugeln werden mit Acrylfarben angemalt. Anhaltspunkte für die Farbwahl gibt zum Beispiel das Titelbild dieses Kita-aktiv-Heftes. Grundsätzlich sind für die Sonne und die einzelnen Planeten – wenn möglichst naturgetreu ausgemalt werden soll – folgende Farben / Farbtöne zu bevorzugen:

   - Sonne: kräftiges Gelb
   - Erde: kräftiges Blau, etwas Weiß
   - Jupiter: Orange und Weiß
   - Uranus: Blau
   - Merkur und Venus: Brauntöne und Ocker
   - Mars: Rottöne
   - Saturn: Gelb und Ocker
   - Neptun: Blau-Weiß

3. Für den Ring des Saturns wird mit dem Zirkel ein Kreis von 30 cm Durchmesser auf den Tonkarton gezeichnet und dort hinein ein Innenkreis von 28 cm Durchmesser (Abb. 2). Dieser ringförmige Streifen wird ausgeschnitten und beidseitig in den Farben des Saturns angemalt.

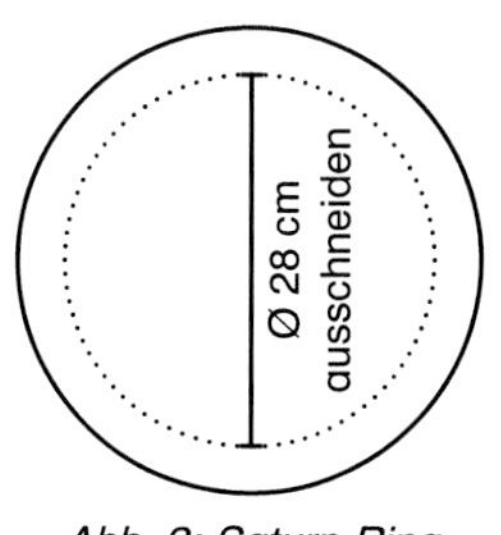

Abb. 2: Saturn-Ring

Planeten-Mobile (2) (ab 3 Jahren)

4. In beide Seiten des Saturns wird jeweils ein Holzspieß gut 10 cm weit hineingesteckt; die Stäbchen schauen somit noch ca. 8 – 10 cm aus der Kugel heraus (Abb. 3).

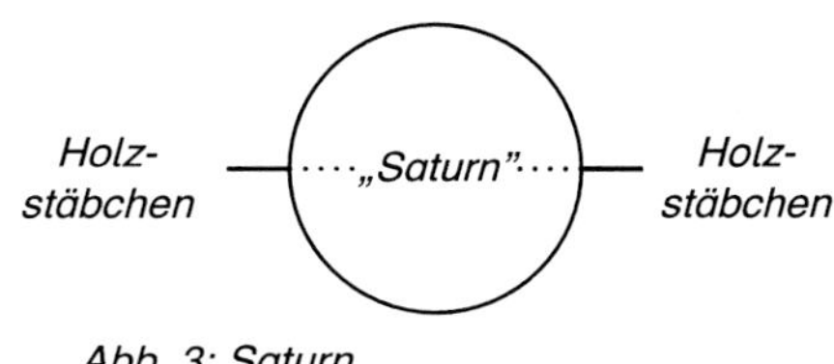

Abb. 3: Saturn

5. Auf diese herausragenden Holzspieße wird der Saturnring geklebt.

6. Die Nylonschnur wird in neun ca. 30 cm lange Stücke geschnitten. Bei den Planeten kleineren Durchmessers (Merkur, Mars und evtl. noch Venus und Erde) lässt sich die Nylonschnur mit Hilfe der Nähnadel durch die Styropor®- / Papierkugelkörper hindurchziehen und mittels eines Knotens fixieren (Abb. 4).

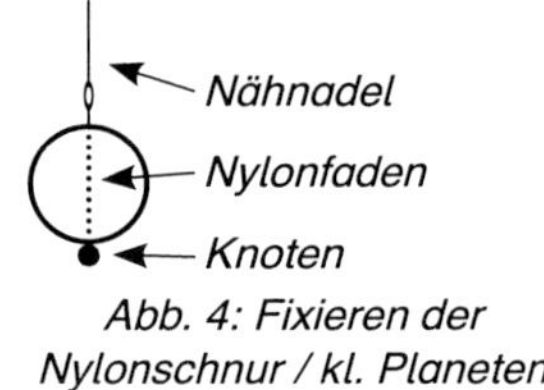

Abb. 4: Fixieren der Nylonschnur / kl. Planeten

7. Um die Nylonfäden an den jeweils größeren Planeten zu befestigen, knotet man die einzelnen Schnurenden an Streichhölzer und schiebt diese an der Oberseite der Planeten komplett in die Kugeln hinein (Abb. 5). Eventuell ist ein leichtes Vorbohren mit Hilfe eines Handbohrers (oder der Nähnadel) notwendig. Damit die Streichhölzer fest in den Kugeln sitzenbleiben, kann man die Einstichstellen nachträglich mit etwas Kleber bestreichen. Für die Sonne knotet man die Nylonschnur an das längere Holzstäbchen und geht auf die gleiche Weise vor wie bei den Planeten.

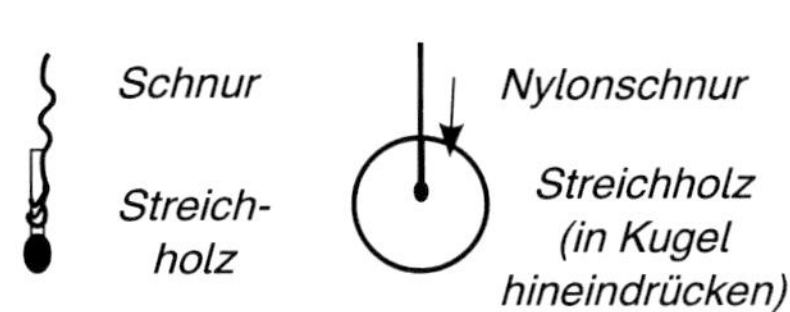

Abb. 5: Fixieren der Nylonschnur/gr. Planeten

8. Nun wird es spannend, denn mit den nächsten Arbeitsschritten nimmt unser Sonnensystem „Form“ an. Zunächst sollte das Mobile-Kreuz mittels der restlichen Nylonschnur (zerlegt in 4 x 2 m) an der Decke befestigt werden (Abb. 6). Dabei unbedingt eine stabile Aufhängevorrichtung wählen, das heißt am besten einen Dübel oder einen speziell für die Decke geeigneten Nagel / Haken. Achten Sie auch darauf, dass das Mobile nicht zu hoch hängt, denn es soll ja von den Kindern betrachtet werden können. Zunächst knotet man die Sonne mit der Nylonschnur in die Mitte des Mobile-Kreuzes.

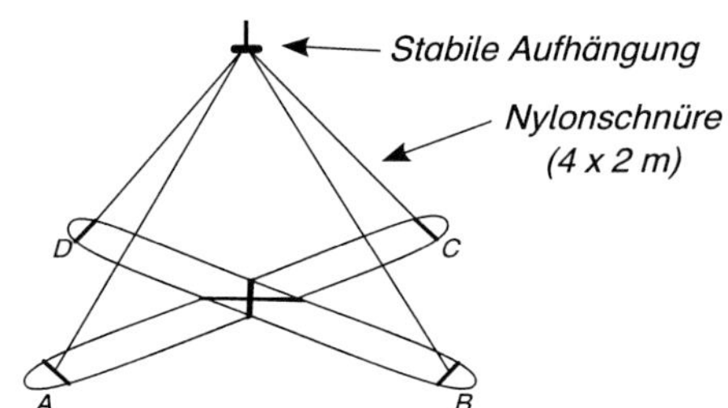

Abb. 6: Aufhängung/Mobile-Kreuz und Bezeichnung der Mobile-Arme (A, B, C, D)

9. Zum besseren Verständnis der weiteren Vorgehensweise tragen die Mobile-„Arme“ die Buchstabenbezeichnungen A, B, C und D (Abb. 6). Alle acht Planeten werden nun auf gleicher Höhe der Sonne um diese herum an den Mobile-Armen aufgehängt – und zwar so, dass die Körper jeweils einen Abstand von etwa 2,5 – 3 cm zueinander haben. Befestigen Sie die Planeten wie folgt von der Mitte ausgehend nach außen (Abb. 7): zunächst Merkur an Arm A, dann folgen Venus (Arm B), die Erde (Arm C), Mars (Arm D), Jupiter (Arm A), Saturn (Arm B), Uranus (Arm C) und Neptun (Arm D).

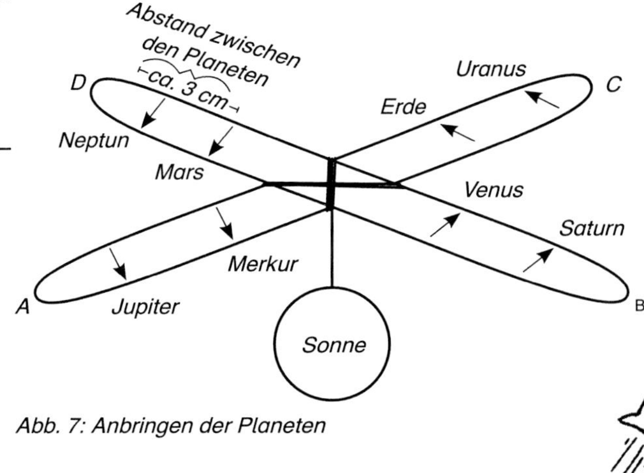

Abb. 7: Anbringen der Planeten

Das Planeten-Mobile ist fertig – und kann bewundert werden!

Ufos – ulkige Flugobjekte (ab 2 Jahren)

Material:
pro Kind 1 alter, ausgedienter Männerschuh (idealerweise mindestens Gr. 42; rechtzeitig in Familie, bei Verwandten … nachfragen), Zeitungen (zum Abdecken der Tische), Acrylfarbe in Töpfchen, Borstenpinsel in verschiedenen Größen, 1 Wassertopf, Lappen (für die Hände), Bastelklarlack, Scheren, Bastelkleber, evtl. 1 Heißklebepistole, jede Menge Reste aus der Deko- und Bastelkiste, zum Beispiel: Geschenkbänder, Häkelbordüren, Schmuckschleifen, Stoffreste, Perlen, Mosaiksteinchen, Federn, Pfeifenputzer, bunte Watte …

Vorbereitung:
Die Schuhe bei Bedarf gründlich mit Wasser reinigen (Kein Schuhputzmittel auftragen!) und gut trocknen lassen.

Arbeitsanleitung:
1. Zunächst malen die Kinder ihren Schuh – der zum „ulkigen Flugobjekt“ werden soll – nach Belieben bunt an.
2. Nach gründlichem Trocknen wird die Farbe mit Klarlack (von Ihnen!) fixiert. Erneut gut trocknen lassen.
3. Nun sind der Fantasie keine Grenzen gesetzt! Jedes Kind bestückt sein Ufo nach Lust und Laune: bunte Schleifen und glitzernde Perlen werden aufgeklebt, verschnörkelte Pfeifenputzer dekorieren den „Eingang“ des Ufos, tolle Federn lassen sich in die „Luftlöcher“ (Schnürsenkelösen) stecken, ausgefallene Bordüren verzieren den „Rumpf“ des Flugobjekts usw. Schmuck, der sich nicht mit Bastelkleber anbringen lässt, kann man mit der Heißklebepistole fixieren. (Bitte nur von Ihnen oder gemeinsam mit Ihnen! Gerät immer außer Reichweite der Kinder legen!).

Die Aliens kommen! (ab 5 Jahren)

Dieser Malspaß eignet sich für zwischendurch oder als Gruppenaktion. Dazu werden die Kinder in Kleingruppen zu je vier Malern aufgeteilt.

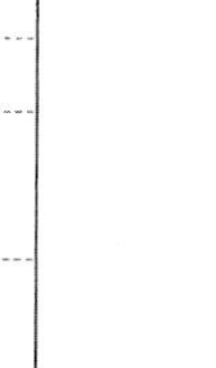

Materialien:
präparierte weiße Papierbogen (DIN A3, siehe Vorbereitung), bunte Filzstifte

Vorbereitung:
Jeder Papierbogen wird durch zarte, gestrichelte Bleistiftlinien in drei Drittel aufgeteilt. Das obere Drittel wird nochmals durch eine gestrichelte Linie halbiert (s. Abb.). So entstehen vier Malbereiche: für den Kopfschmuck / die Kopfbedeckung (z. B. Hut, Pudelmütze, Antennen ...), für den Kopf, für den Rumpf mit Armen, für die Beine / Füße.

Arbeitsanleitung:
Bevor es losgeht, wird jedem Kind der Gruppe ein Malbereich zugeordnet: Kind A malt die Kopfbedeckung, Kind B den Kopf usw.
Dann geht es los: Kind A malt eine Kopfbedeckung, ohne dass die anderen drei Kinder sehen können, was es gemalt hat. Dann faltet es den Kopf-Bereich an der gestrichelten Linie nach hinten um. Kind B malt in seinen Bereich einen Kopf und faltet diesen wieder an der gestrichelten Linie nach hinten um. Nun sind die Kinder C und D mit Rumpf und Beinen an der Reihe.
Anschließend darf das Blatt auseinandergefaltet und der Alien bestaunt werden.
Welche Gruppe hat den lustigsten Außerirdischen zustandegebracht?

BVK • Maggie Jung: Kita aktiv „Sonne, Mond und Sterne – das Weltall begreifen“

Was tragen Marsmenschen auf dem Kopf? (ab 3 Jahren)

Das Basteln einer Kopfbedeckung ist Teamarbeit. Ein Team besteht aus dem Kind, dessen Kopfbedeckung gebastelt werden soll, und zwei Helfern (ein zweites (älteres) Kind und Sie).

Material:

1 Stuhl, pro Kopfbedeckung 2 große Doppelseiten einer Tageszeitung, Kreppklebeband, 1 Schere, Glanzfolie in verschiedenen Farben (Kein Aluminium!), Pfeifenputzer, transparenter Klebefilm

Arbeitsanleitung:

1. Das Kind, dessen Kopfbedeckung gebastelt wird, setzt sich auf den Stuhl. Helfer 1 (älteres Kind) legt zunächst eine Zeitungsdoppelseite mittig über den Kopf des sitzenden Kindes, dann die andere Zeitungsdoppelseite versetzt darüber (Abb. 1).

Abb. 1

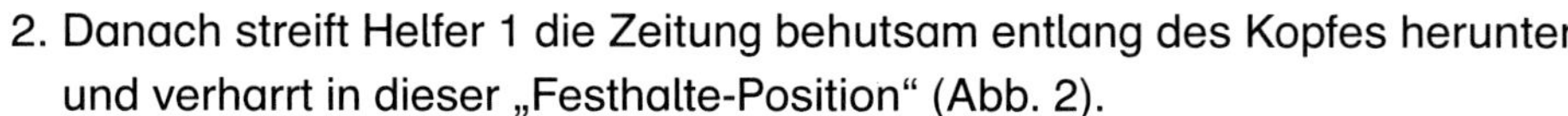

2. Danach streift Helfer 1 die Zeitung behutsam entlang des Kopfes herunter und verharrt in dieser „Festhalte-Position" (Abb. 2).

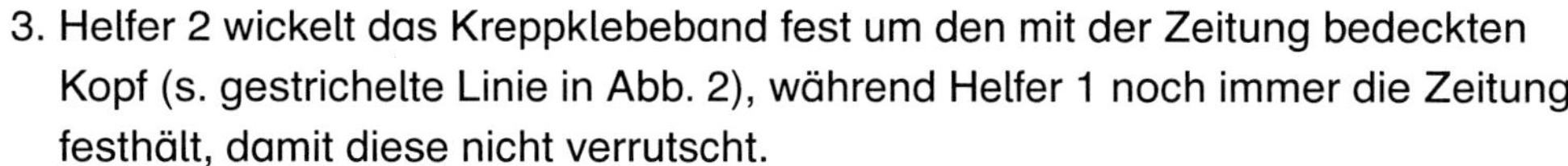

3. Helfer 2 wickelt das Kreppklebeband fest um den mit der Zeitung bedeckten Kopf (s. gestrichelte Linie in Abb. 2), während Helfer 1 noch immer die Zeitung festhält, damit diese nicht verrutscht.

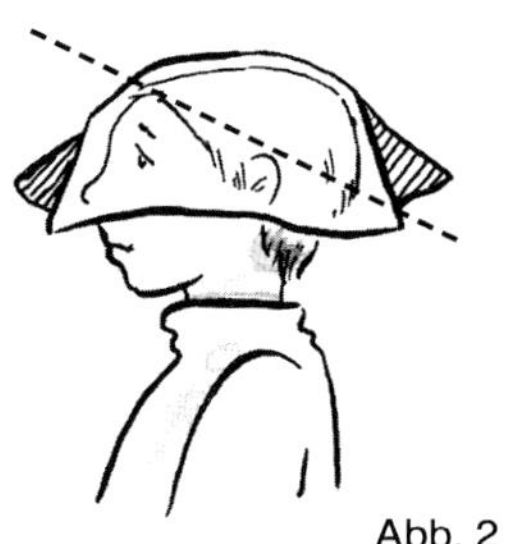

Abb. 2

4. Der Zeitungshut kann nun vom Kopf genommen werden und die überstehende Zeitung rundum unterhalb des Kreppklebebandes abgeschnitten werden.
5. Einen Bogen Glanzfolie – dessen Größe sich nach der Kopfgröße richtet – zerknüllt man leicht und streicht ihn wieder glatt.

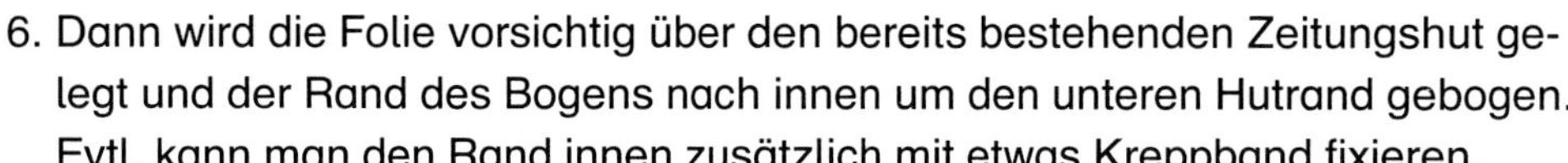

6. Dann wird die Folie vorsichtig über den bereits bestehenden Zeitungshut gelegt und der Rand des Bogens nach innen um den unteren Hutrand gebogen. Evtl. kann man den Rand innen zusätzlich mit etwas Kreppband fixieren.
7. Die Pfeifenputzer biegt man zu „Antennen" unterschiedlichster Formen (Abb. 3) und umwickelt sie anschließend mit Resten farbiger Glanzfolie.

Abb. 3

8. Mit transparentem Klebefilm werden die „Antennen" an der Außenseite des Marsmenschen-Hutes festgeklebt.

BVK • Maggie Jung: Kita aktiv „Sonne, Mond und Sterne – das Weltall begreifen"

Fernrohr (ab 5 Jahren)

Dieses „Fernrohr“ – das eigentlich ein Kaleidoskop ist – macht es möglich, zu jeder (Tages- und Nacht-) Zeit Sterne zu beobachten.

Material (pro Fernrohr):
1 DIN-A5-Bogen schwarzer Tonkarton, Küchenrolle mit dem ziemlich exakten Durchmesser von 4,5 cm (= Standarddurchmeser), 1 Bleistift, 1 Schere, Wachsmalkreiden, Spiegelfolie (DIN A5), 1 Lineal, 1 Klebestift, transparenter Klebefilm, 10 – 15 kleine Sternchen (aus dem Bastelgeschäft), 1 transparente, runde Plastikdose (Ø 4,5 cm, Höhe 1 cm, meist eignet sich die Dose, in der die Sternchen enthalten waren), gelbes Transparentpapier (Durchmesser 5 cm^2), bunter Tonkarton (Durchmesser 6 cm^2), evtl. Prickelvorlagen und -nadeln, 1 Zirkel

Arbeitsanleitung:
1. Die Küchenrolle soweit abschneiden, dass sie eine Länge von genau 16 cm hat, und nach Belieben bunt anmalen.
2. Aus dem schwarzen Tonpapier schneidet man ein Rechteck mit den exakten Maßen 15 x 11,7 cm. Dann wird die 15 cm lange Kante des Tonkartons nach jeweils genau 3,9 cm und 7,8 cm (mit Hilfe des Lineals) nach innen gefaltet und wieder auseinandergeklappt. Es entstehen deutliche Faltlinien und drei Rechtecke von 15 x 3,9 cm (Abb. 1).
3. Auch die Spiegelfolie wird in drei exakt 15 x 3,8 cm große Rechtecke geschnitten. Dazu die Schneidelinien mit Hilfe des Lineals und des Bleistifts vorher kennzeichnen.
4. Mit Kleber werden die Spiegelfolien-Stücke auf den durch Faltlinien markierten Rechtecken des Tonkartons befestigt.
5. Anschließend wird die Schutzfolie der Spiegelfolie abgezogen.
6. Das schwarze Tonkartonstück wird (mit der nach innen liegenden Spiegelfolie) an seinen Faltlinien erneut nach innen gebogen und mit Klebefilm an den Längskanten zusammengeklebt. Es entsteht ein Prisma / eine Dreiecksform (Abb. 2).
7. Dieses Prisma schiebt man in die Küchenrolle. Aufgrund der Passgenauigkeit hat es dort einen festen Sitz, ohne dass es angeklebt werden muss. Die Küchenrolle steht an einem Ende noch 1 cm hervor.
8. Auf das gelbe Transparentpapier zeichnet man mit Hilfe des Zirkels einen Kreis mit einem Durchmesser von 4,5 cm und schneidet ihn aus. Anschließend klebt man diesen in den Boden der Plastikdose.
9. Die Sternchen werden in die Dose gefüllt – nur so viele, dass sie sich noch „frei“ bewegen können. Die Dose anschließend fest verschließen. An ihrem Außenrand wird Kleber aufgetragen.
10. Dann muss die Dose so in die Küchenrolle direkt vor das Prisma eingesetzt werden, dass die gelbe Seite (Transparentpapier) nach außen zeigt (Abb. 3).
11. Auf das bunte Tonkartonstück zeichnet man mit Hilfe des Zirkels einen Kreis mit einem Durchmesser von 5,5 cm und schneidet/prickelt ihn aus. Den äußeren Rand des Kreises versieht man mit etwa 1 cm langen Einschnitten (= spätere Klebelaschen).
12. In die Mitte des Kreises schneidet/prickelt man ein Loch von 2 cm Durchmesser (= Guckloch, Abb. 4).
13. Die Klebelaschen des Kreises werden umgefaltet.
14. Schließlich klebt man das Guckloch mit den Laschen an der noch offenen Seite der Küchenrolle fest.

Viel Freude beim Beobachten der Sterne!

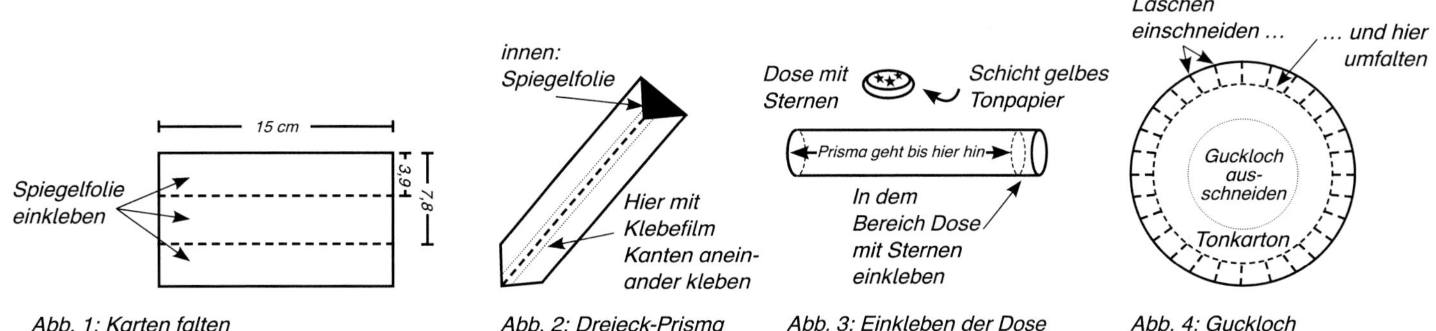

Abb. 1: Karten falten *Abb. 2: Dreieck-Prisma* *Abb. 3: Einkleben der Dose* *Abb. 4: Guckloch*

Mondlandung (ab 4 Jahren)

Material (pro „Mondlandung"):
Kopiervorlage „Mondlandung" (siehe unten), 1 halbe Styropor®-Kugel (Durchmesser 20 cm), 30 x 30 cm Silber-Glanzfolie (Bitte keine Aluminiumfolie!), transparenter Klebefilm, schwarzes Tonpapier, 1 weißer Holzstift, 1 Prickelunterlage und -nadel, 3 Zahnstocher, 1 Klebestift, 1 kleine amerikanische Deko-Flagge mit Holstäbchen, Scheren

„... ein großer Sprung
für die Menschheit!"
(Neil Armstrong)

Arbeitsanleitung:

1. Die halbe Styropor®-Kugel wird in die Glanzfolie eingewickelt – dabei muss die Folie nicht völlig glatt bleiben. Unebenheiten („Krater") sind durchaus erwünscht. An der Schnittstelle der Halbkugel wird die Folie mit etwas Klebefilm fixiert.
2. Die beiden Raumfahrer und die Rakete (s. Kopiervorlage) werden ausgeschnitten und die Konturen mittels weißem Holzstift auf das Tonpapier übertragen.
3. Je nach Alter schneiden oder prickeln die Kinder die Figuren entlang der Linien aus.
4. Anschließend klebt man alle Figuren, jeweils bis zur Hälfte, an einen Zahnstocher.
5. Nun werden die beiden Raumfahrer, ihre Rakete und die kleine Flagge in die Mondkugel gesteckt (s. Abb. oben).

Kopiervorlage „Mondlandung"

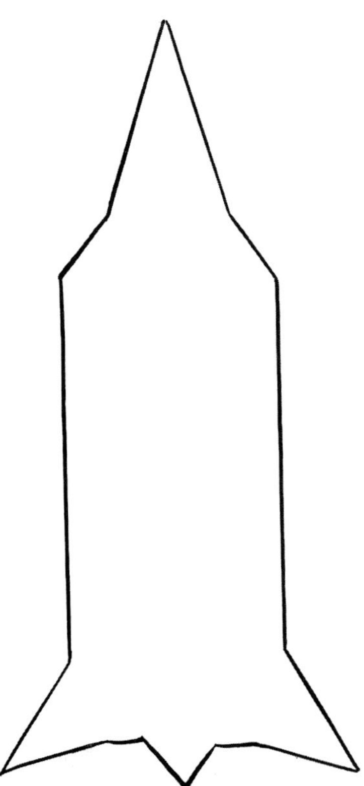

Laterne, Laterne, Sonne, Mond und ... Space-Shuttles (ab 3 Jahren)

Die Laternen können als Tischlaternen (für echte Kerzen) oder als tragbare Laternen (für batteriebetriebene Laternenstäbe) gefertigt werden.

Material (pro Laterne):
1 runder Partyteller aus Pappe, 1 Luftballon, 1 Paket Kleister und Kleistergefäße, alte Zeitungen, 1 Rolle unbedrucktes, helles Toilettenpapier, evtl. dicke Borstenpinsel (zum Kleistern), Lappen (für die Hände), 1 Schere, Acrylfarben, Borstenpinsel in verschiedenen Stärken (zum Malen), Bastellack (zum Fixieren der Farben), 1 Bleistift, 1 Cutter, buntes Transparentpapier (Reste), Bastelkleber, ggf. 1 Stück doppelseitiges Klebeband, ggf. 1 Stück Blumendraht (ca. 20 cm), ggf. 1 Handbohrer, 1 Teelicht mit Glashalterung oder 1 batteriebetriebener Laternenstab

Vorbereitungen:
Der Kleister wird angerührt und in geeignete Gefäße umgefüllt. Die Zeitung sowie das Toilettenpapier werden in Schnipsel gerissen. Der Luftballon wird auf einen Durchmesser aufgepustet, der mindestens 5 cm kleiner sein sollte als der Durchmesser des Papptellers.

Arbeitsanleitung:
1. Zunächst wird der Pappteller rundum eingekleistert (manche Kinder möchten dies nicht mit den Händen, sondern mit einem Pinsel tun) und mit Zeitungsschnipseln beklebt. Danach folgt eine Schicht Toilettenpapier, die lückenlos sein sollte.
2. Nun wird etwas mehr als die obere Hälfte des Luftballons (Nicht zu wenig, damit das Teelicht später nicht die „Decke“ des Space-Shuttles ankokelt!) mit drei bis vier Zeitungs-/Kleisterschichten versehen; danach folgt auch hier eine lückenlose Toilettenpapierschicht.
3. Nach dem Trocknen wird der Ballon aus der Pappmachéschicht gelöst. Man erhält eine Halbkugel, deren Rand mit der Schere begradigt wird.
4. Dann können Pappmachételler und -halbkugel nach Belieben mit Acrylfarben angemalt werden.
5. Sind die Farben getrocknet, fixiert man sie (bevor die nächsten Arbeitsschritte erfolgen) – mit Bastellack.
6. Mit Bleistift werden auf der Halbkugel Fenster eingezeichnet, die man mit der Schere – ggf. müssen Sie auch mit dem Cutter nachhelfen – ausschneidet.
7. Die Fenster werden farbig hinterlegt; dazu die Transparentpapierreste an den Rändern mit etwas Bastelkleber bestreichen und an der Halbkugelinnenseite hinter die Öffnungen kleben.
8. In die Oberseite der Halbkugel (Mitte) wird ein kreisrundes Loch geschnitten (etwa 5 cm Durchmesser).

Tischlaterne (für echte Kerzen):
1. Die Teelichthalterung aus Glas wird mit doppelseitigem Klebeband in der Mitte des Papptellers (Space-Shuttle-Unterteil) geklebt und das Teelicht hineingestellt.
2. Die Halbkugel (Space-Shuttle-Kuppel) wird lose darübergestülpt.

Tragbare Laterne (für einen batteriebetriebenen Laternenstab):
1. Neben dem kreisrunden Loch in der Mitte der Halbkugel werden mit dem Handbohrer jeweils zwei kleine Löcher gebohrt, die sich genau gegenüberliegen.
2. Durch diese Löcher zieht man den Blumendraht und verzwirbelt ihn an beiden Seiten. In der Mitte des Drahtes dreht man – ebenso durch Verzwirbeln – eine kleine Öse, an welcher der Laternenstab befestigt werden kann.

Immerzu im Kreis (ab 4 Jahren)

Material:
1 größere Schüssel oder Schale, 1 Tuch (mindestens so groß wie der Durchmesser der Schüssel), 1 dickes Gummiband, 1 gelber Ball (Durchmesser ca. 5 cm), Murmeln

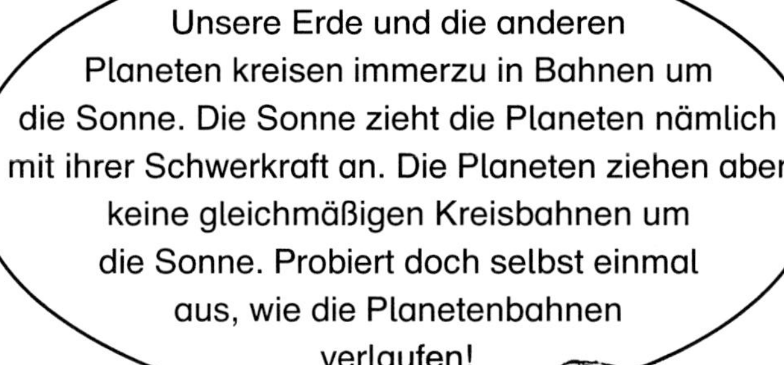

Arbeitsanleitung:
1. Das Tuch wird über die Schüssel gespannt und mit dem Gummiband fixiert. Dabei darf der Stoff jedoch nicht zu straff gespannt sein, sondern muss etwas nachgeben.
2. Der gelbe Ball ist die Sonne und wird in die Mitte auf das Tuch gelegt. (Wenn er dort nicht liegenbleibt, ist das Tuch noch zu straff gespannt und sollte an den Seiten etwas gelockert werden).
3. Die Kinder nehmen eine (oder mehrere) Murmel(n) – das sind die Planeten – und lassen sie um die „Sonne“ herum kreisen, indem sie sie anschubsen. Was können die Kinder beobachten?

Was habt ihr beobachtet? –
Genau! Die Planeten ziehen eiförmige Bahnen.
Unsere Erde braucht übrigens ein ganzes Jahr, um ein Mal um die Sonne zu kreisen.

Weshalb die Sonne für unsere Erde so wichtig ist (ab 3 Jahren)

BVK • Maggie Jung: Kita aktiv „Sonne, Mond und Sterne – das Weltall begreifen“

Material:
2 Ton- oder Plastikblumentöpfe mit Untersetzern, Blumenerde, 4 Bohnensetzlinge, 2 Holzstäbe à 50 cm (später: 4 Bohnenstangen), 1 Gießkanne

Wie würdet ihr euch fühlen, wenn die Sonne wochenlang nicht schiene? Führt das Experiment mit der Bohne durch! Na, was könnt ihr feststellen?

Arbeitsanleitung:
1. Die Töpfe mit Blumenerde befüllen und in jeden je zwei Bohnensetzlinge sowie einen Holzstab (als Kletterhilfe) stecken.
2. Die Saat gießen.
3. Einen der Töpfe stellen die Kinder direkt ans Licht (Gruppenfenster), den anderen stellen sie in ein dunkles Zimmer (z. B. eine Abstellkammer).
4. Die Bohnenpflanzen (auch die ohne Licht) werden regelmäßig nach Bedarf gegossen.
5. Im Kreisgespräch können die Kinder ihre Beobachtungen mitteilen.

Nicht vergessen: Die Bohnen nach dem Experiment nach draußen pflanzen. Dort benötigt dann jede Pflanze eine lange Bohnenstange als Kletterhilfe.

Warum es Tag und Nacht gibt (ab 4 Jahren)

Ihr möchtet wissen,
wie es kommt, dass es den hellen Tag
und die dunkle Nacht gibt? – Nun, das könnt
ihr ganz einfach selbst herausfinden. Macht
doch ein kleines Experiment!

Materialien:
Tisch (in der Nähe sollte sich eine Steckdose befinden), 1 blauer, runder Luftballon, 1 Vase, 1 Faden, 1 Bauklotz (er muss durch die Öffnung der Vase passen), 1 Männchen („Bruno“) aus Papier (z. B. aus einem Katalog ausgeschnitten), Kleber, 1 Lampe (Strahler, gleiche Höhe wie die „Erde“, s. „Anleitung“)

Anleitung:

1. Der blaue Luftballon („Erde“) wird auf einen Durchmesser von ca. 20 cm aufgeblasen und das Ende fest verknotet.
2. Mit einem Faden bindet man einen Bauklotz an das Ballonende. Nun kann man den Ballon auf eine Vase setzen (der Bauklotz hängt in das Gefäß hinein), ohne dass er sich davonstiehlt.
3. Das Papiermännchen wird an einer beliebigen Stelle seitlich auf die „Erde“ geklebt.
4. Die Lampe (= Sonne) und die „Erde“ werden etwa 50 cm voneinander entfernt auf einem Tisch platziert.
5. Während die „Sonne“ scheint, wird die „Erde“ langsam auf der Stelle gegen den Uhrzeigersinn gedreht.
6. Was können die Kinder beobachten?

Tipp: Noch eindeutiger gelingt dieses Experiment, wenn es in einem abgedunkelten Raum durchgeführt wird.

Ihr habt gesehen, dass sich Bruno
eine Zeitlang im Hellen und eine Zeitlang im
Dunkeln befindet. Während sich die Erde nämlich einmal
um sich selbst dreht, drehen sich die Menschen darauf
mit ihr. Sind wir der Sonne zugewandt und haben
Tag, haben die Menschen auf der anderen
Erdseite Nacht – und umgekehrt.

BVK • Maggie Jung: Kita aktiv „Sonne, Mond und Sterne – das Weltall begreifen“

Harri trägt keine Jeans (ab 4 Jahren)

Material:
Kopiervorlagen „Harri“ (siehe unten) und „Kleidungsstücke“ (s. S. 37), Buntstifte, Fotokarton (Reste in der Größe der Ankleidepuppe) oder andere dünne Pappe, Bastelkleber, Scheren

Arbeitsanleitung:

1. Die Ankleidepuppe wird von den Kindern angemalt, auf den Fotokarton / Pappe geklebt und anschließend ausgeschnitten.
2. Dann wird Harris Kleidung angemalt und sorgfältig ausgeschnitten. Achtung: Die kleinen Laschen dürfen nicht versehentlich abgeschnitten werden! (Dabei ist vielleicht etwas Hilfe von Ihnen notwendig).
3. Nun kann Harri angekleidet werden. Dazu faltet man die Laschen um die Puppenfigur herum.

Kopiervorlage „Harri“

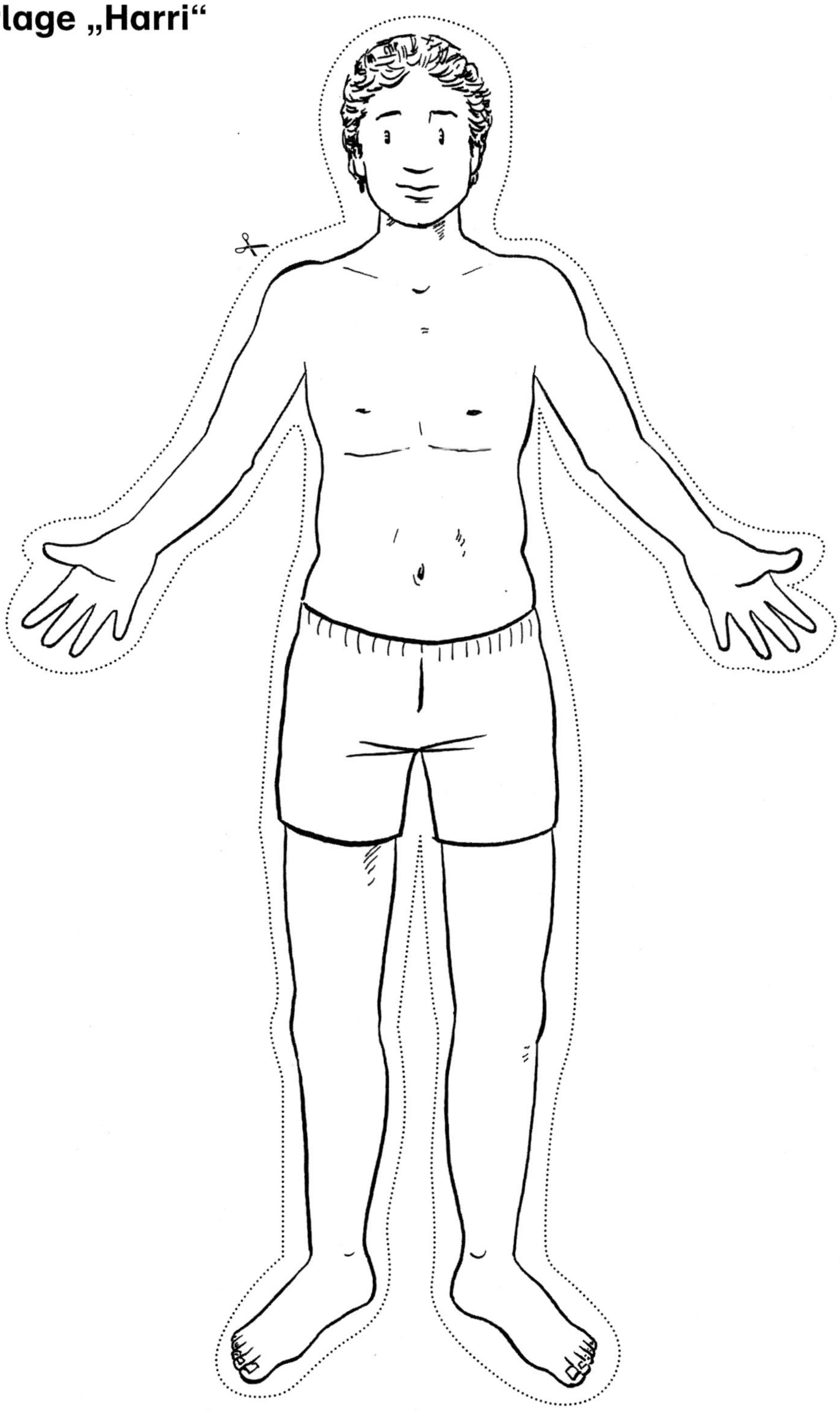

Kopiervorlage „Kleidungsstücke“ (1)

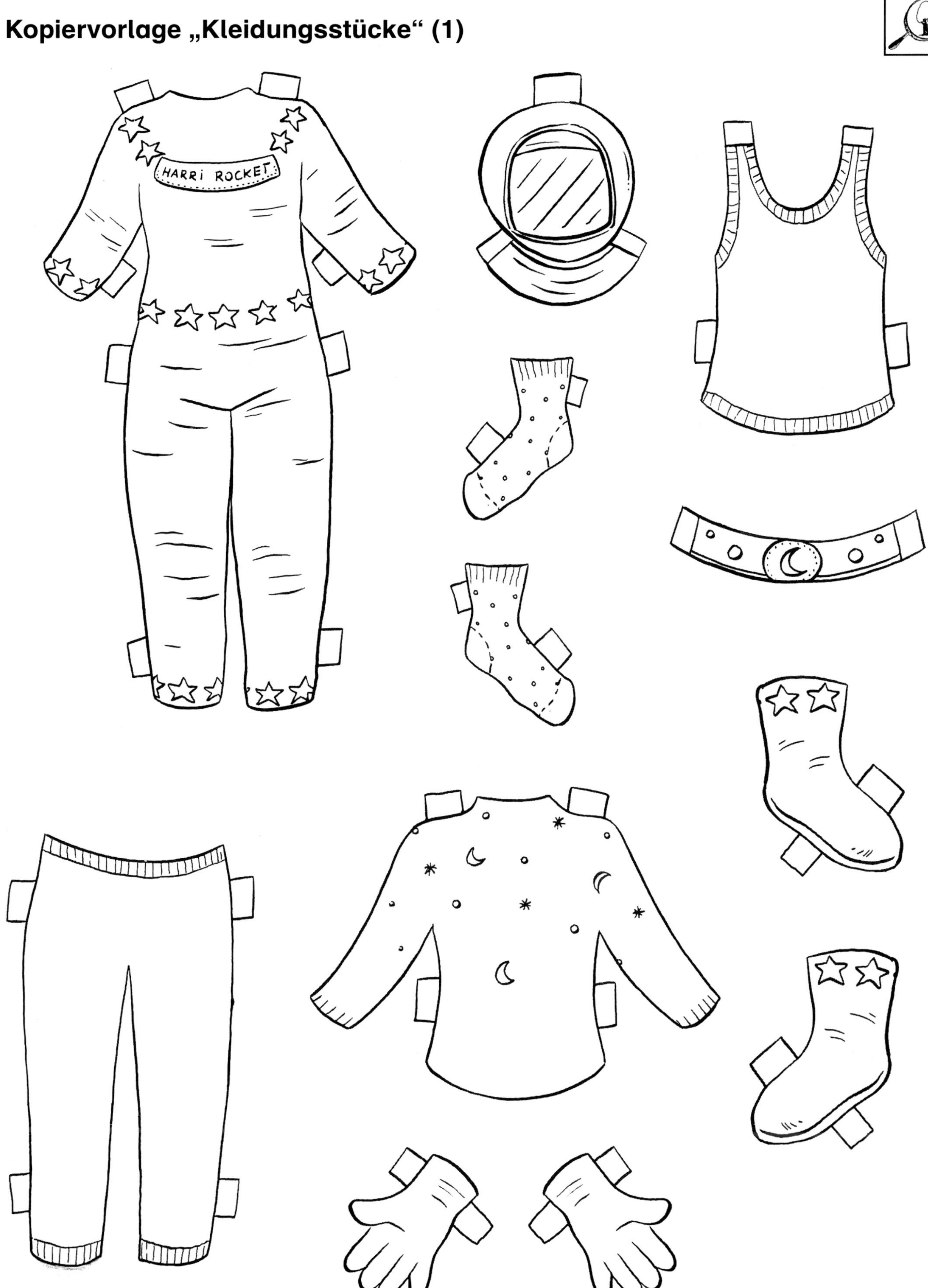

Tipp: Wenn die Kinder mögen, können sie auch noch weitere Kleidungsstücke für Harri kreieren. Auch dabei bitte nicht die Laschen vergessen.

Hiiilfe! Jemand isst den Mond! (1) (ab 4 Jahren)

Eine Geschichte über den Mond und die Fantasie – zum Vorlesen auch für unter 3-Jährige geeignet

Vorbereitungen:
Die Kinder sitzen im Stuhlkreis oder auf einem Teppich. Wenn Sie während des Vorlesens die Bilder zur Geschichte zeigen, halten Sie ein leeres Blatt bereit, um die jeweils nächsten Bilder abzudecken.

Teil 1:
Fassungslos stand Berta, das Huhn, mitten in der Nacht auf dem riesigen Heuhaufen und glotzte den Mond an.
„Gag-gag-gagag-gagag-gaaaaak!", schrie Berta und schlug aufgeregt mit ihren Flügeln. „Moni, Trude! Kommt schnell! Hiiilfe!"
Verschlafen taumelten Bertas Freundinnen aus dem Hühnerstall.
„Was ist los?", gähnte Moni.
„Ist was passiert?", murmelte Trude.
„Und ob! Da, seht doch!" Berta zeigte in den Nachthimmel. „Jemand isst den Mond!" Ihre Freundinnen kletterten auf den Heuhaufen und reckten die Hälse.
„Hm", machte Moni, „in der Tat! Da fehlt ein Stück. Aber wer sollte denn den lieben Mond aufessen?"
„Eben! Er macht sicherlich nur eine Diät. Der war eh viel zu fett. Berta, du bist ein dummes Huhn!"
Traurig ging Berta zurück in den Hühnerstall. Ihre Freundinnen glaubten ihr also nicht. Vielleicht hatte Berta ja tatsächlich Unrecht. Aber ... was, wenn nun doch jemand dabei war, den Mond aufzuessen?

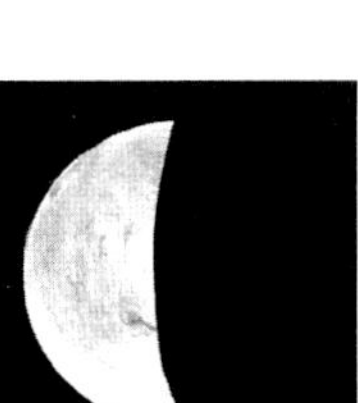

In den kommenden Nächten beobachtete Berta genauestens den Mond. Pünktlich gegen Mitternacht stieg sie auf den riesigen Heuhaufen und starrte in den Himmel. Erschrocken musste sie feststellen, dass der Mond von Nacht zu Nacht immer schmaler wurde.
Als eines Nachts nur noch die Hälfte des Mondes zu sehen war, kreischte Berta: „Gag-gag-gagag-gagag-gaaaaak!" und rannte aufgeregt zum Kuhstall. „Hiiilfe!"
Es dauerte einige Minuten, bis Waltraud, die Kuh, endlich gähnte und die Augen öffnete. „Was soll denn das? Mitten in der Nacht!", schimpfte sie schließlich. „Dann komm mit!", keuchte Berta, noch immer völlig außer Atem. „Ich zeig' dir was." Langsam trottete Waltraud dem Huhn hinterher bis zum großen Heuhaufen. „Da, schau! Jemand isst den Mond!", rief Berta. Die Kuh schüttelte den Kopf.
„So ein Quatsch! Bestimmt spielt der Mond mit den Sternen Verstecken. Deshalb sehen wir ihn nur halb. – Berta, du bist ein dummes Huhn!"
Traurig ging Berta zurück in den Hühnerstall. Auch die Kuh glaubte ihr also nicht. Ob Berta denn wirklich Unrecht hatte? Und ... wenn nun doch jemand genüsslich am Mond knabberte?

Wieder vergingen einige schlaflose Nächte, in denen Berta beharrlich auf den Heuhaufen stieg. Sie traute ihren Hühneraugen kaum, als sie eines Nachts entdeckte, dass vom Mond nur noch ein kleines Stück übrig war.
Mutig hielt sich Berta den Schnabel zu und lief so schnell sie konnte zu den Schweinen. „Gag-gag-gagag-gagag-gaaaaak!", schrie sie noch aufgeregter als sonst und weckte damit Alfonso. „Hiiilfe!"
„So eine Schweinerei", blaffte das Schwein, „du hast mich aus einem wunderschönen Traum gerissen!"
„Träumen kannst du später!", entgegnete Berta. „Die Lage ist sau-ernst! Los, komm mit!"
Alfonso staunte nicht schlecht, als er vom Heuhaufen aus in den Nachthimmel blickte.

Hiiilfe! Jemand isst den Mond! (2) (ab 4 Jahren)

Lange wiegte er seinen Kopf hin und her und meinte schließlich:
„Der Mond hat sich bloß bis zur Nase zugedeckt, damit er nicht friert. Es ist doch recht kühl hier draußen.“ Mitleidig blickte Alfonso zu Berta: „Berta, du bist ein dummes Huhn.“
Traurig ging Berta zurück in den Hühnerstall. Sogar das Schwein glaubte ihr nicht. Sie seufzte.

Allmählich begann sie, selbst daran zu zweifeln, dass tatsächlich jemand den Mond aufaß. Aber ... aber ... wenn nun doch jemand ...

Auch die weiteren Nächte konnte Berta nicht schlafen und pilgerte regelmäßig zum Heuhaufen. Der Mond wurde immer schmaler und schmaler. Und plötzlich, eines Nachts, als das Huhn vor Müdigkeit kaum noch die Augen aufhalten konnte, sah Berta das Entsetzliche, das Unfassbare: Der Mond war weg! Und zwar ganz weg!

Dicke Tränen kullerten Berta aus den Hühneraugen, als sie einsam über den Bauernhof trottete. Wem konnte sie sich jetzt noch anvertrauen? Es glaubte ihr doch sowieso niemand und alle hielten sie für ein dummes Huhn.
„Kann ich dir helfen, Berta?“ Erschrocken fuhr Berta herum. Hinter ihr stand Bauer Fredi und schaute sie besorgt an.
„Der ... der ... Mond ...“, stotterte sie. Mehr konnte sie nicht sagen, denn sie begann, heftig zu schluchzen. Ja, Berta schluchzte so laut, dass sie alle angelaufen kamen: Moni und Trude, Waltraud und Alfonso. Sie erzählten Fredi von Bertas Beobachtungen und dass sie doch ein dummes Huhn sei und so weiter.
Liebevoll nahm Fredi Berta auf den Arm, lächelte ihr zu und streichelte sie.
„Berta ist kein dummes Huhn. Im Gegenteil: Sie hat eine ganz tolle Fantasie – so, wie ihr. Ich muss zugeben, es sieht tatsächlich aus, als würde jemand den Mond aufessen. Aber in Wirklichkeit ist es ganz anders. Morgen früh will ich es euch erklären. Gute Nacht euch allen. Gute Nacht, Berta.“

Froh darüber, dass sie kein dummes Huhn war, aber auch sehr gespannt auf das, was Fredi wohl zu sagen hatte, watschelte Berta zum Hühnerstall. Moni, Trude, Waltraud und Alfonso schämten sich, weil sie Berta ein dummes Huhn genannt hatten. Aber Berta war nicht nachtragend. Zufrieden schlug sie die Flügel um ihren Körper, schloss die müden Hühneraugen und schlief tief und fest bis zum nächsten Morgen.

An dieser Stelle sollte eine Pause eingelegt werden. Es ist auch möglich, den zweiten Teil der Geschichte und das Experiment an einem anderen Tag fortzusetzen.

Material:
1 Tisch (in der Nähe sollte sich eine Steckdose befinden), 1 blauer, runder Luftballon, 1 gelber, runder Luftballon, 1 Vase, evtl. 1 Bauklotz (er muss durch die Öffnung der Vase passen), 1 Holzstäbchen (etwas länger als die Höhe der Vase), Bindfaden, 1 Lampe (Strahler, gleiche Höhe wie die „Erde“, s. „Vorbereitungen“)

Vorbereitungen:
Der blaue Luftballon wird auf einen Durchmesser von ca. 20 cm, der gelbe Luftballon auf einen Durchmesser von ca. 5 – 8 cm aufgeblasen. Beide Enden werden fest verknotet. Den blauen Ballon („Erde“) setzt man auf die Vase (falls er dort nicht gut liegenbleibt, kann man mit einem Faden einen Bauklotz an das Ballonende binden und diesen in die Vase hineinhängen lassen). Der gelbe Ballon („Mond“) wird an das Ende eines Holzstäbchens gebunden. Die Lampe („Sonne“) muss so ausgerichtet werden, dass sie die gleiche Höhe wie die „Erde“ hat. Die „Erde“ wird auf dem Tisch platziert, sodass sie einen Abstand von etwa 50 cm zur „Sonne“ hat (s. Skizze).
Die Kinder sitzen auf Stühlen in einem Halbkreis um den Tisch herum.

Hiiilfe! Jemand isst den Mond! (3) (ab 4 Jahren)

Teil 2:
Am nächsten Morgen trafen sie sich alle an dem großen Heuhaufen: Berta, Moni, Trude, Waltraud, Alfonso und der Bauer Fredi. Der Bauer hatte eine Lampe und zwei Bälle mitgebracht.
„Was soll dieses Licht?“, fragte Waltraud, die Kuh erstaunt, während sie noch immer auf ihrem Frühstück herumkaute. „Es ist doch helllichter Tag.“
Alfonso, das Schwein, lachte: „Sollen wir etwa Fußball spielen?“ Auch Moni und Trude konnten sich nicht erklären, was Fredi vorhatte, und Berta schlug vor lauter Neugier aufgeregt mit den Flügeln.
„Nun hört mal gut zu, ihr Fantasten!“, schmunzelte Fredi. „Niemand isst den Mond auf. Aber er macht auch keine Diät, versteckt sich nicht und deckt sich nachts auch nicht mit einer Decke zu. Warum wir aber den Mond oft nur teilweise und manchmal gar nicht sehen, hat folgende Erklärung ...“

Während Sie nun das Experiment durchführen, erzählen Sie frei:
„Stellt euch vor, das ist die Sonne und dies die Erde, auf der wir leben.
Deuten Sie auf beides ...
Der Mond kreist um die Erde; er braucht in Wirklichkeit etwa 27 Tage, bis er sie einmal umrundet hat.
... lassen Sie den Mond gegen den Uhrzeigersinn manuell um die Erde kreisen ...
Der Mond selbst leuchtet nicht, sondern wird von der Sonne angestrahlt.
... schalten Sie die Lampe ein ...
Die Sonne trifft immer nur auf eine Hälfte des Mondes; die andere Hälfte liegt dabei im Schatten. Während der Mond dabei um die Erde kreist,
... lassen Sie den Mond erneut kreisen ...
können wir von der Erde aus immer nur einen Teil des Mondes sehen. – Schaut! Wenn wir jetzt auf den Mond blicken,
... lassen Sie den Mond zum dritten Mal kreisen
sehen wir einen vollen, runden Kreis, den „Vollmond“, *Skizze a.*
Kreist der Mond weiter, wird er schmaler und wir nennen ihn „Halbmond“ oder „abnehmender Mond“, *Skizze b.*
Danach sehen wir ihn gar nicht, weil die Sonne nur seine hintere Hälfte anstrahlt; wir nennen den Mond dann „Neumond“, *Skizze c.*
Jetzt nimmt der Mond wieder zu; auch das nennen wir „Halbmond“ oder „zunehmender Mond“, *Skizze d.*

Skizze a

Skizze b

Skizze c

Skizze d

Fredi blickte in die erstaunten Gesichter. „Noch Fragen?“
„Alles sonnenklar!“, gackerte Berta. „Jetzt weiß ich ganz sicher, dass niemand unserem lieben Mond etwas zuleide tut.“
„Tja, ... was wäre der Mond bloß ohne die Sonne?!“, meinte Waltraud.
„O, o, ... und was wäre das ganze Planetensystem erst ohne sie?!“, ergänzte Alfonso, der sehr schlau war. Moni und Trude plusterten sich auf: „Und wir erst ...“
„Hmm“, machte Berta und reckte ihren Hals den wärmenden Strahlen der Sonne entgegen.

Sternensuppe (ab 5 Jahren)

Zutaten (für etwa 12 Kinderportionen):
2 dünne Zucchini, 3 dicke Zucchini, 4 dicke Kartoffeln, 1 kleine Zwiebel, Gemüsebrühepulver, frischer Schnittlauch (oder gefriergetrocknet), frische Petersilie (oder gefriergetrocknet), 2 Becher Crème fraîche, Wasser

Küchenutensilien:
1 Sparschäler, Küchenkrepp, kleine Küchenmesser, Schneidebrettchen, 1 mittelgroßer Topf, 1 Küchenwecker, 1 großer, hoher Suppentopf, 1 Sieb, 1 Esslöffel, 1 Gabel, 1 Pürierstab, 1 Teelöffel

Zubereitung:

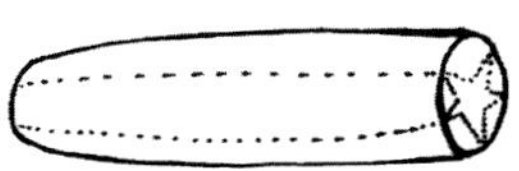

Stern-Säule herausschneiden

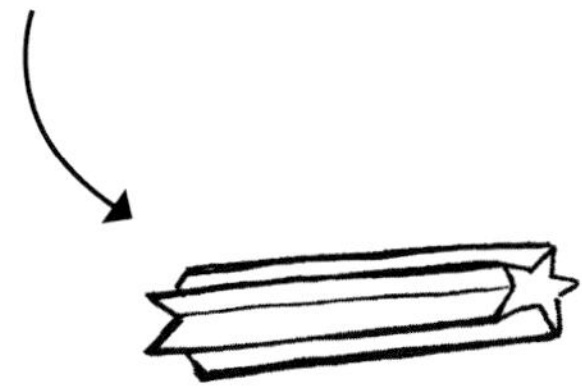

Säule in Scheiben schneiden

1. Die zwei dünnen Zucchini waschen, mit Küchenkrepp trockentupfen und ihre Enden abschneiden.
2. Aus den ganzen Früchten jeweils eine durchgehende Stern-Säule schneiden (siehe Abbildung), indem man die Längsseiten der Zucchini vorsichtig mit einem Küchenmesser bearbeitet. Die Überbleibsel aufbewahren.
3. Nun können die Kinder diese Stern-Säulen in etwa 5 mm dicke Scheiben schneiden und in einen mittelgroßen Topf mit etwas Wasser geben.
4. Den Küchenwecker stellen und die Sterne etwa 8 bis 10 Minuten auf kleiner Stufe dünsten. (Darauf achten, dass sie nicht anbrennen. Falls notwendig, noch etwas Wasser nachgießen).

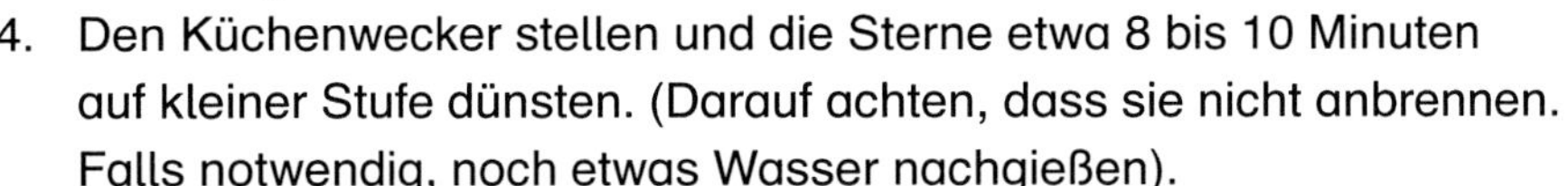

5. Währenddessen die Kartoffeln mit dem Sparschäler schälen, waschen und trockentupfen. Danach werden sie in kleinere Stücke geschnitten und in den hohen Suppentopf gegeben. *Tipp:* Wenn Sie die die Kartoffeln halbieren, können die Kinder die Knollen prima mit der flachen Seite auf Brettchen legen und kleinschneiden, ohne dass die Kartoffeln wegrutschen.
6. Die dicken Zucchini waschen und trocken tupfen, in Stücke schneiden (siehe Tipp oben) und zu den Kartoffeln geben. Die „Überbleibsel“ der zu Sternen verarbeiteten Zucchini in kleine Stücke schneiden und hinzufügen.
7. Nun die Zwiebel schälen, halbieren, in Scheiben schneiden und ebenfalls in den großen Suppentopf geben.
8. Sind die Zucchini-Sterne in der Zwischenzeit gar geworden (aber noch fest), von der Kochstelle nehmen und in einem Sieb abtropfen lassen.
9. Das Gemüse im Suppentopf mehr als eine Handbreit mit Wasser bedecken und das Ganze zum Kochen bringen.
10. Circa zwei Esslöffel Gemüsebrühepulver hinzufügen (bitte Mengenempfehlung auf der Verpackung beachten).
11. Erneut den Küchenwecker stellen und die Suppe auf mittlerer Stufe 15 Minuten köcheln, bis die Kartoffeln gar sind (*Tipp:* Stechprobe mit der Gabel machen).
12. Währenddessen den Schnittlauch und die Petersilie waschen, abtupfen und kleinschneiden.
13. Die Kartoffel-Zucchini-Suppe mit einem Pürierstab pürieren, dann die gedünsteten Zucchini-Sterne hineingeben.
14. Die Sternensuppe auf Tellern anrichten, mit Schnittlauch und Petersilie bestreuen und mit einem Teelöffel einen Klecks Crème fraîche daraufgeben.

Guten Appetit!

BVK • Maggie Jung: Kita aktiv „Sonne, Mond und Sterne – das Weltall begreifen“

Fantastische Mondgesichter (ab 4 Jahren)

Zutaten (für etwa 16 Stück):
1 l Wasser, 2 Würfel Gemüsebrühe, 240 g Grünkern (fein geschrotet, übernimmt gerne der Bioladen / das Reformhaus), 1 dicke Zwiebel, 1 Bund frische Petersilie (alternativ: 2 Esslöffel getrocknete Petersilie), 2 Eier, 10 Esslöffel Haferflocken, Salz, Pfeffer, Olivenöl (zum Ausbacken), 2 Möhren, Ketchup

Küchenutensilien:
1 mittelgroßer Kochtopf mit Deckel, 1 Messbecher, 1 Kochlöffel, 1 Küchenwecker, Schneidebretter, Küchenmesser, 1 Suppenteller, 1 Schneebesen, 1 Sparschäler, 1 Esslöffel, Pfannen, Pfannenwender, 1 Servierplatte, Küchenkrepp

Zubereitung:

1. Das Wasser im Topf zum Sieden bringen und die Brühwürfel darin auflösen.

2. Den Grünkern unter Rühren einstreuen und etwa 20 Minuten auf kleiner Wärmestufe ausquellen lassen; währenddessen gelegentlich umrühren (aufpassen, dass der Grünkern nicht anbrennt).

3. In der Zwischenzeit die Zwiebel schälen und sehr fein würfeln, die Petersilie waschen und ebenfalls sehr klein schneiden.

4. In einen Suppenteller werden die beiden Eier aufgeschlagen und mit dem Schneebesen verquirlt.

5. Die Möhren schälen und in runde Scheibchen schneiden.

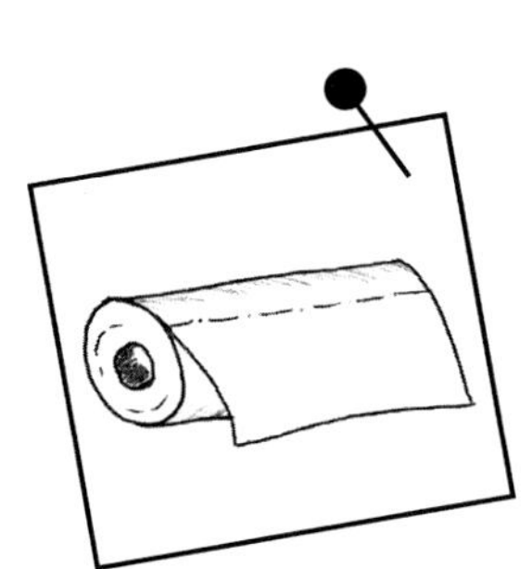

6. Nun die Grünkernmasse (das Wasser dürfte komplett aufgesogen sein) abkühlen lassen und erst dann die Eier, die gewürfelten Zwiebeln, die Petersilie und die Haferflocken dazugeben und alles mit dem Kochlöffel gut verrühren. Schließlich mit Salz und Pfeffer abschmecken.

7. Aus der Grünkernmasse kleine, flache Frikadellen formen und von beiden Seiten in Olivenöl backen, bis sie goldgelb sind.

8. Die Mond-Frikadellen mit einem Pfannenwender aus der Pfanne nehmen und auf eine mit Küchenkrepp ausgelegte Servierplatte legen.

9. Nun erhalten die Monde noch Augen (je zwei Möhrenscheibchen) und einen roten Mund (Ketchup).

Hmm, lecker!

Sonnenkuchen (ab 4 Jahren)

Zutaten (für ein Backofenblech):
für den Teig:
400 g Weizenmehl (Type 1050), 2 Teelöffel Backpulver, 150 g Zucker, 2 Päckchen Vanillezucker, Salz, 1 Ei, 200 g Margarine und etwas Margarine zum Einfetten des Blechs
für den Belag:
12 Pfirsichhälften (etwa 2 Dosen), 250 ml Sahne, 100 g Zucker, 100 g geriebene Mandeln, 1 Ei, 100 g Mandelblättchen

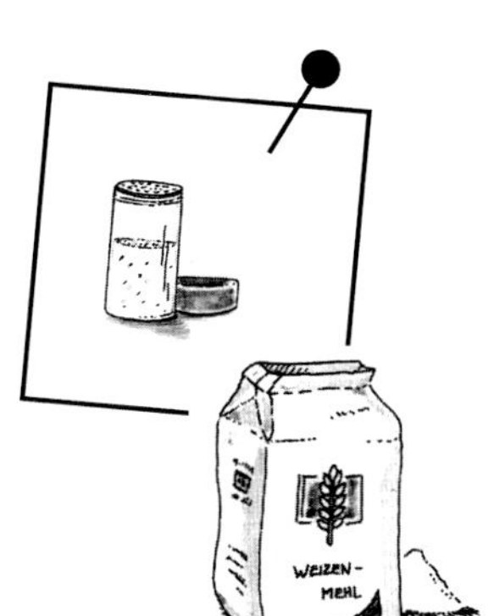

Küchenutensilien:
1 Dosenöffner, 1 Sieb, 1 Schüssel (zum Abtropfen der Pfirsiche), 1 Küchenwaage, 1 Rührschüssel, 1 Teelöffel, 1 Küchenrührgerät mit Knet- und Rührhaken, 1 Backpinsel, 1 Backofenblech, 1 Teigschaber, 1 hohe Rührschüssel, 1 Schneidebrett, Küchenmesser, 1 Küchenwecker

Zubereitung:

1. Die Pfirsiche aus den Dosen in ein Sieb gießen und über einer Schüssel gut abtropfen lassen.

2. Für den Teig gibt man das Mehl und das Backpulver in eine Schüssel und vermischt beides.

3. Alle übrigen Zutaten für den Teig ebenso in die Rührschüssel geben und mit dem Mixer zu einem Knetteig verarbeiten.

4. Den Backofen (zum Vorheizen) auf 180 °C (Heißluft entsprechend weniger) einschalten.
   Das Backofenblech mit Margarine einfetten und den Teig mit einem Teigschaber gleichmäßig darauf verteilen.

5. Die Sahne in eine hohe Rührschüssel geben und mit dem Mixer steif schlagen.

6. Den Zucker, die geriebenen Mandeln und das Ei unterrühren.

7. Die Masse gleichmäßig auf dem Teig verteilen. Sechs Pfirsichhälften („Sonnen“) legt man auf das Sahne-Mandel-Gemisch; die anderen sechs Hälften schneidet man in Streifen. Nun diese Pfirsichstreifen („Sonnenstrahlen“) um die Sonnen herum ebenso in die Sahne-Masse hineindrücken.

8. Abschließend werden die Mandelblättchen („Sterne“) über das gesamte Blech zwischen die „Sonnen“ gestreut.

9. Den Kuchen 25 – 30 Minuten backen.

Schmatz! So süß schmeckt die Sonne!

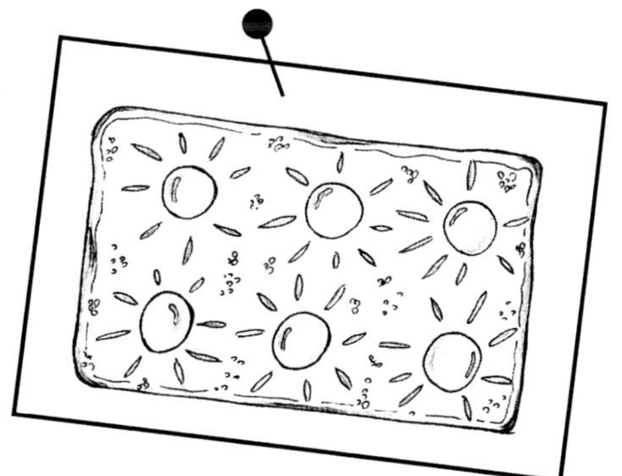

Bilder Kopiervorlage von Zutaten und Haushaltsgegenständen

Sternensuppe:

Fantastische Mondgesichter:

Sonnenkuchen:

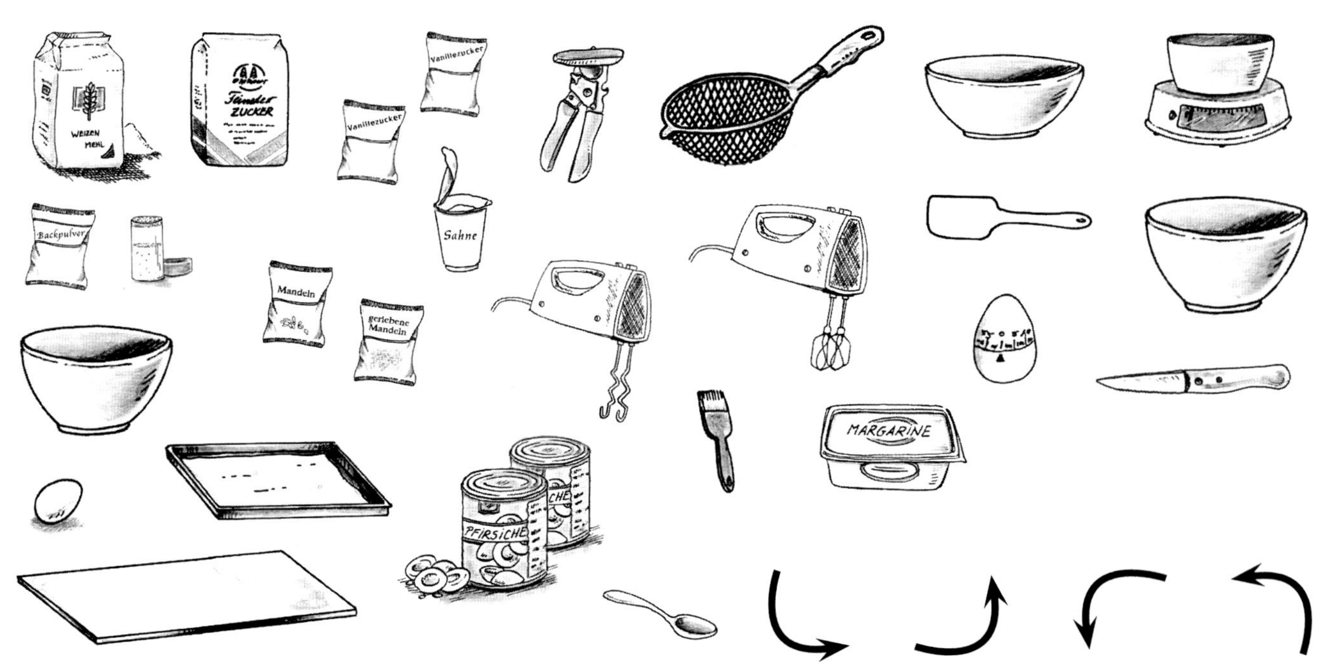

BVK • Maggie Jung: Kita aktiv „Sonne, Mond und Sterne – das Weltall begreifen“

Entdecke die Sternbilder! (1) (ab 4 Jahren)

Verbinde die Zahlen.

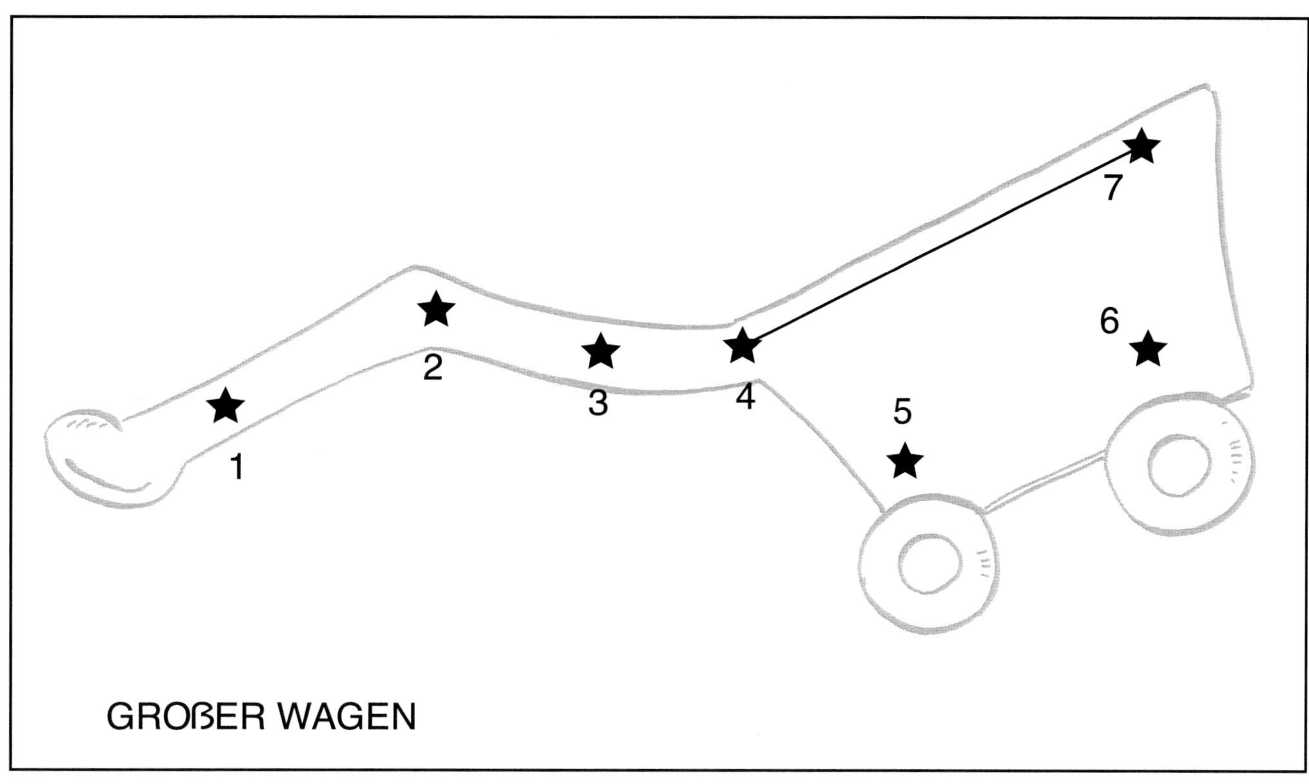

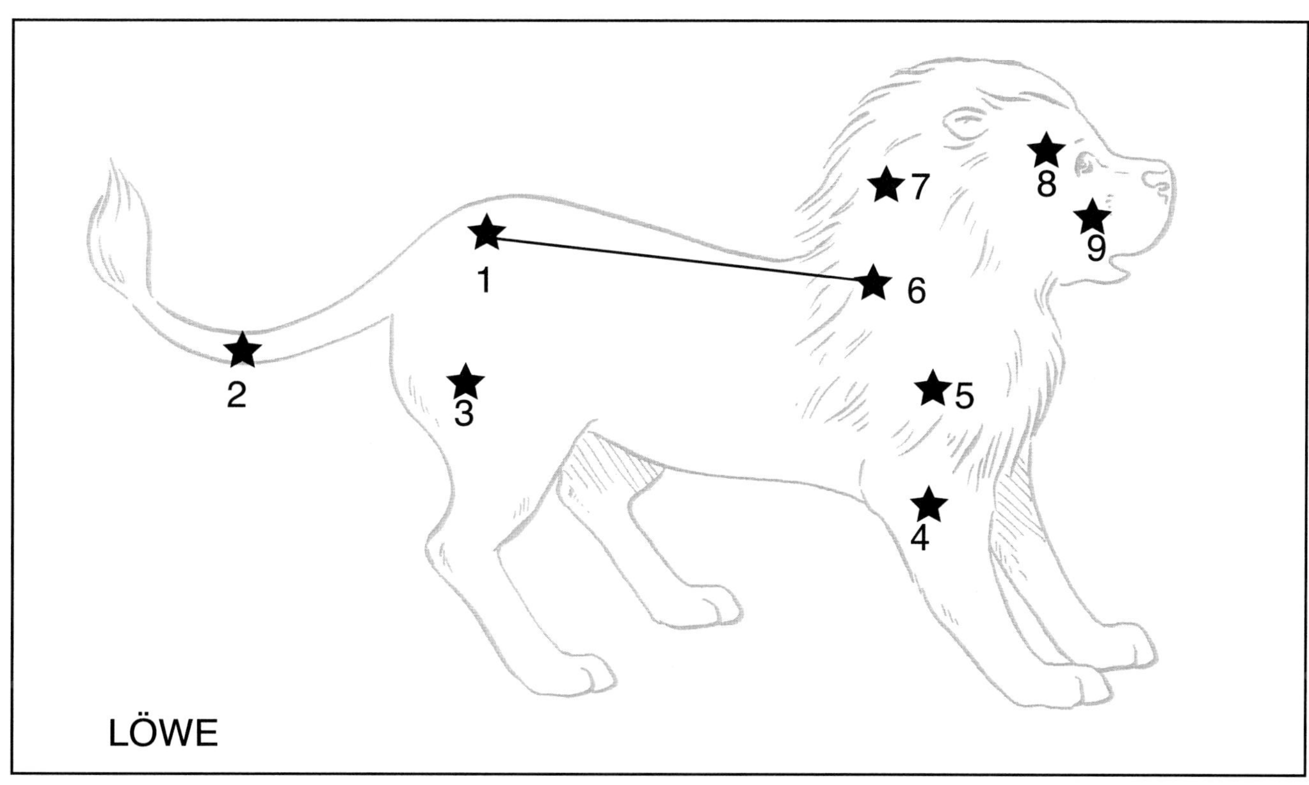

Entdecke die Sternbilder! (2) (ab 4 Jahren)

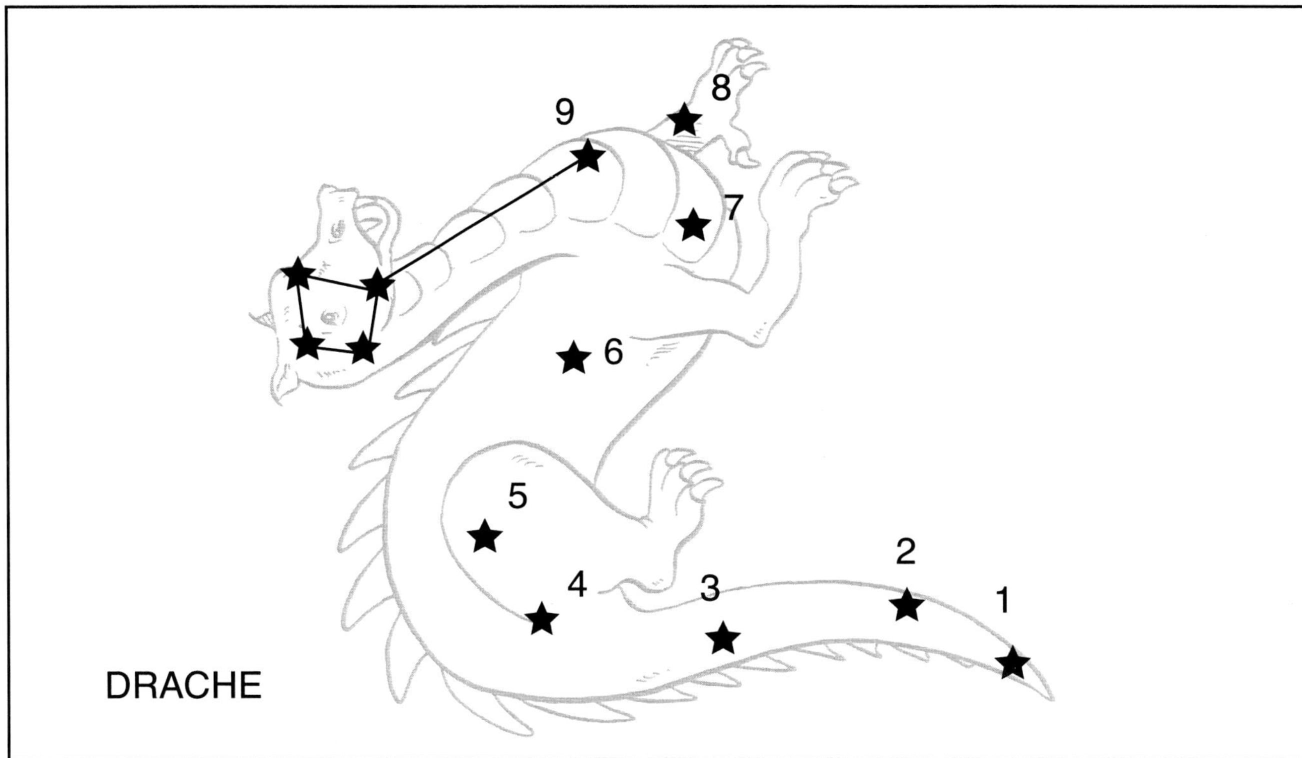

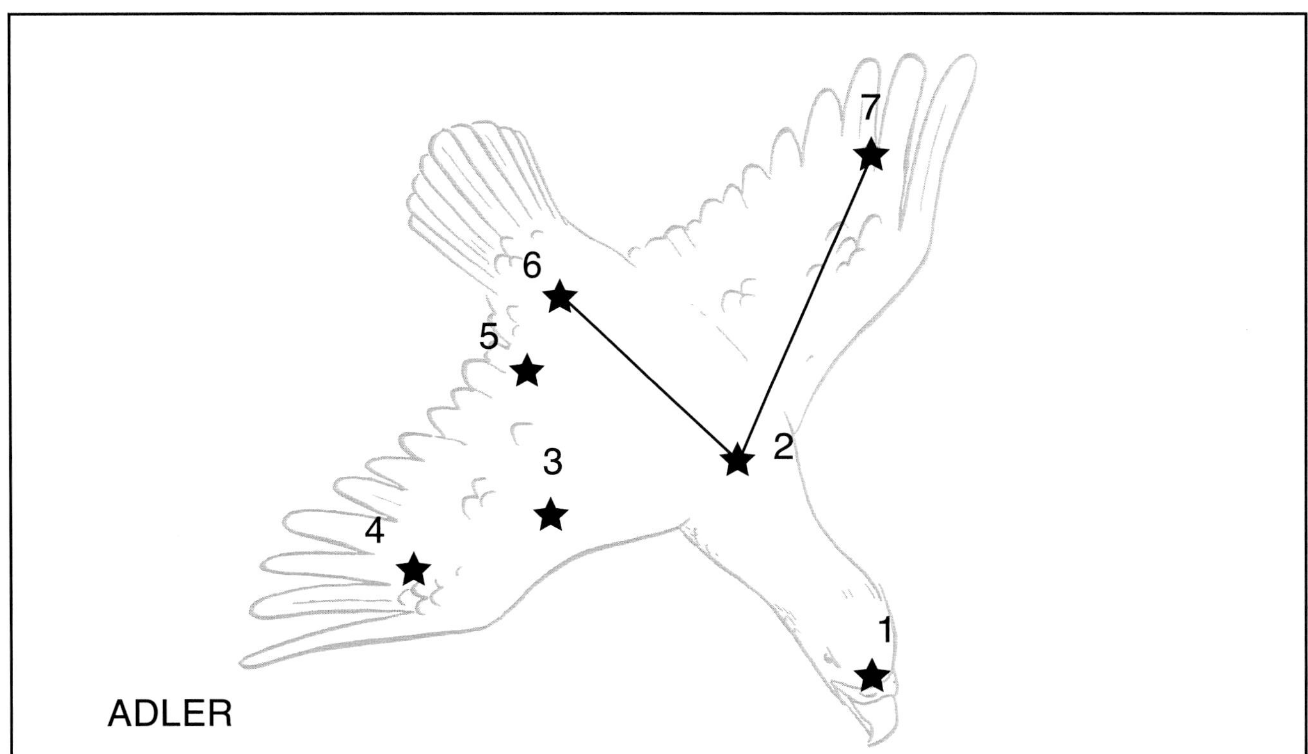

Sonne, Mond ... – und dann? (ab 5 Jahren)

Weißt du, was in den leeren Kästchen fehlt?

Zeichne es hinein!

Alles, was am Himmel steht ... (ab 3 Jahren)

Material:
Kopiervorlage „Alles, was am Himmel steht …“ (s. S. 49), Bunt- oder Filzstifte, Fotokarton, Kleber, Scheren, dicke Filzmarker, 1 Plakat (ca. 80 x 80 cm) oder Tapetenrolle

Arbeitsanleitung:
1. Die Kopiervorlage „Alles, was am Himmel steht …“ kopieren. Die Motive jeweils unifarben anmalen (Sterne = gelb oder orange, Raumfahrtanzug = blau, Mars = rot usw. – die Farben sollten sich wiederholen) und entlang der gepunkteten Linien ausschneiden.
2. Auf das Plakat zeichnen Sie mit dicken Filzmarkern zwei sich überschneidende Wolken (s. Abb. unten), Länge etwa jeweils 40 cm.

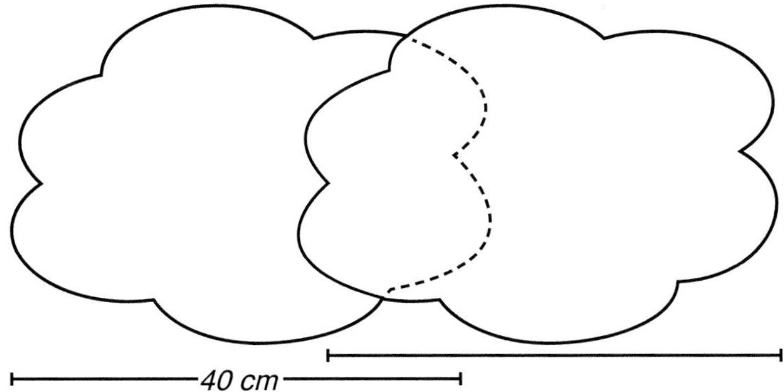

Spielregeln:
Die Motive werden gemischt auf den Tisch gelegt. Machen Sie Vorgaben wie:
- Legt in die eine (linke) Wolke alles, was fliegt (z. B. Rakete, Ufo ...) – und in die andere (rechte) Wolke alles, was blau ist (z. B. Harris Schuhe, die Erde ...).
- „Was kommt wohl in die Mitte, wo sich die beiden Wolken überschneiden?“ – „Alles, was fliegt und blau ist!“
- ... in die eine Wolke alles, was Harri auf seiner Reise ins All braucht bzw. dort sieht – ... in die andere alles, was grün ist.
- ... und in die Mitte ...
  - ... alle Planeten.
  - ... alles, was zu Harris Astronautenkleidung gehört.
  - ... alles, was Harri zur Forschung braucht.
  - ... alle Himmelskörper.
  - … alle Sterne mit fünf Zacken.
  - ... all das, was Harri auf keinen Fall braucht.
  - ... alles, was rund ist.
  - ... alles, was keine Sterne sind.

Die Vorgaben können beliebig erweitert und fortgeführt werden. Der Schwierigkeitsgrad kann sich – je nach Alter der Kinder – steigern, indem man zum Beispiel mehrere Farben auf einmal nennt („... alle roten und grünen Dinge ...“) oder Verneinungen einbringt („... alles, was keine Sterne sind ...“).

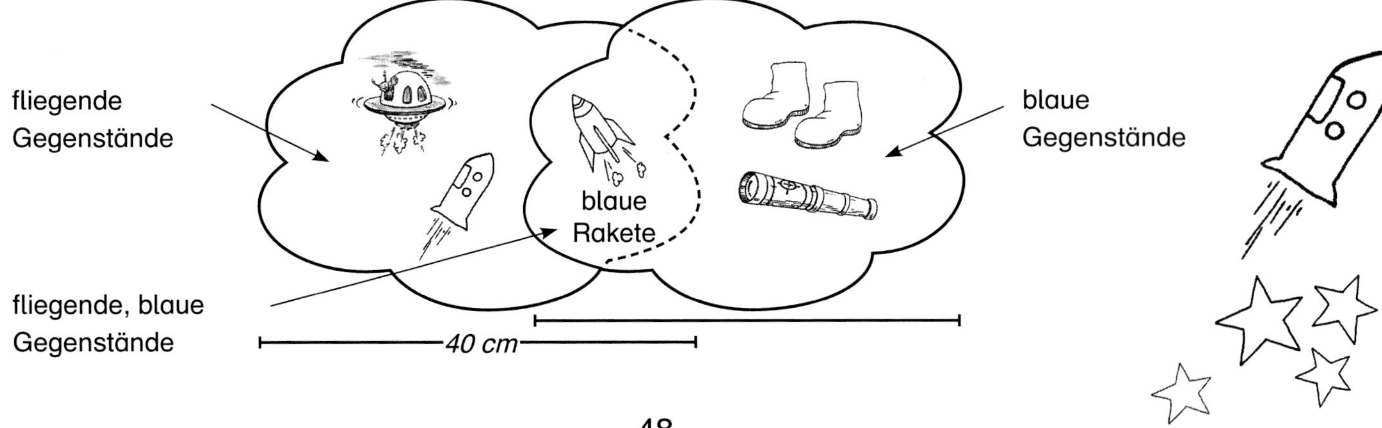

BVK • Maggie Jung: Kita aktiv „Sonne, Mond und Sterne – das Weltall begreifen“

Kopiervorlage „Alles, was am Himmel steht“

(Bitte ggf. hochkopieren.)

BVK • Maggie Jung: Kita aktiv „Sonne, Mond und Sterne – das Weltall begreifen“

Roland, der Raumfahrt-Roboter (1) (ab 5 Jahren)

– ein Programmierspiel in gesteigerten Schwierigkeitsgraden für die Einzelarbeit –

Spielidee:
Auf seinen Raumfahrtmissionen benötigt Harri ab und an die Hilfe von Roland, dem Roboter. Damit Roland aber im All keinen Quatsch anstellt, muss Harri den Roboter vorher programmieren. Doch Roland versteht nur Anweisungen in Programmierkoordinaten wie zum Beispiel: „drei vorwärts“, „vier nach rechts“, „sieben nach links“ usw. Außerdem darf er – sofern vorhanden – auf seinem Weg zum Ziel nicht die Schraubenmuttern berühren.

Material:
Kopiervorlage „Roland, der Raumfahrt-Roboter“ (s. S. 52), Laminierfolie (für DIN A4) und -gerät (alternativ: transparente, selbstklebende Folie), wasserlösliche Folienstifte in Rot, Grün, Blau und Schwarz, 1 feuchter Lappen

Herstellung:
Das Programmierfeld (s. Kopiervorlage) entlang der gestrichelten Linie ausschneiden und laminieren oder die Oberfläche mit transparenter Folie bekleben. Dadurch lassen sich die wasserlöslichen Stifte immer wieder abwischen.

Spielvariante 1:
Zeichnen Sie mit den Stiften einen Startpunkt (rot) und einen Zielpunkt (grün) sowie eine blaue Programmierlinie ein.

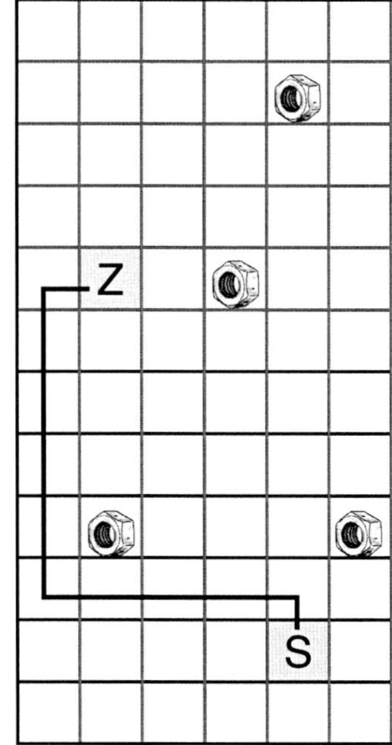

Z = Ziel (grün)

= bereits vorhandene Schraubenmuttern

— = Programmierlinie (blau)

S = Start (rot)

Hier wären die Programmierkoordinaten folgende:
„1 vorwärts, 4 nach links, 5 vorwärts, 1 nach rechts“

Harri hat Rolands Weg bereits eingegeben. Welches Programm hat er gewählt? Das Kind verfolgt mit dem Finger die blaue Linie vom Start- zum Zielpunkt und benennt dabei die Programmierkoordinaten, zum Beispiel: „1 vorwärts, 4 nach links, 5 vorwärts, 1 nach rechts“.

Spielvariante 2:
Zeichnen Sie einen Startpunkt (rot) und einen Zielpunkt (grün). Platzieren Sie außerdem auf dem Programmierfeld mit dem schwarzen Stift zusätzlich Schraubenmuttern (s. Skizze), die:
- nur jeweils ein Kästchen beschlagnahmen,
- jeweils vier Kästchen beschlagnahmen,
- jeweils neun Kästchen beschlagnahmen.

Roland, der Raumfahrt-Roboter (2) (ab 5 Jahren)

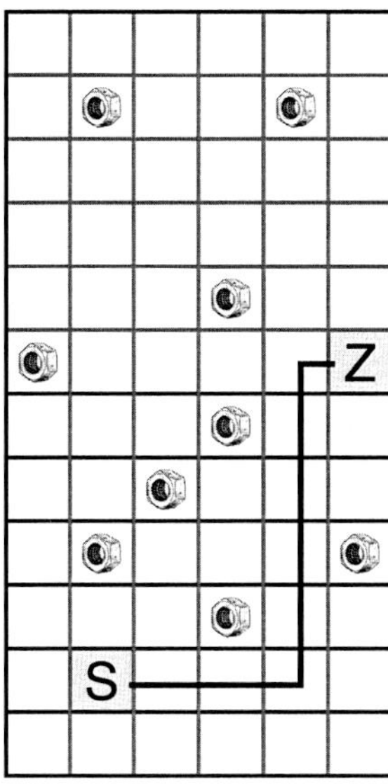

Bei der Anzahl der Schraubenmuttern kann variiert werden: erst wenige, dann immer mehr. Dabei ist jedoch darauf zu achten, dass das Kind noch einen Programmierweg an den Schraubenmuttern entlang finden kann.

Hilf Harri, Roland so zu programmieren, dass er keine Schraubenmuttern berührt! Ausgehend vom Startpunkt (rot) programmiert das Kind Rolands Weg zum Zielpunkt (grün). Dazu zeichnet es mit dem blauen Stift den Weg auf dem Programmierfeld ein und benennt die Programmierkoordinaten.

So könnte hier die Programmierlinie verlaufen: „3 nach rechts, 5 vorwärts, 1 nach rechts".

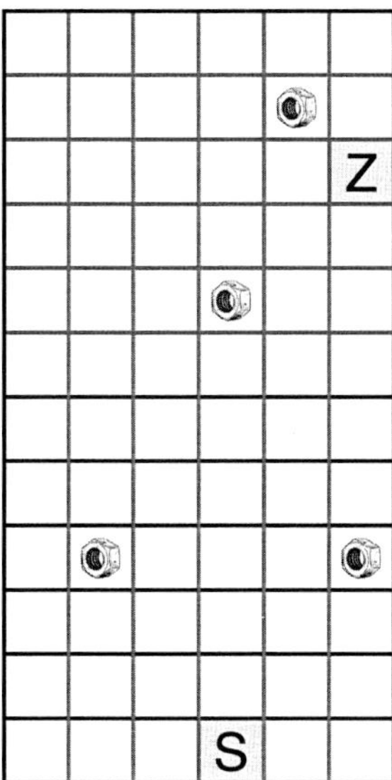

Spielvariante 3:
Markieren Sie den Start- und Zielpunkt auf dem Programmierfeld. Überlegen Sie sich einen Programmierweg, zu dem Sie „Harris Notizen" notieren (ebenfalls auf dem Programmierfeld), zum Beispiel: „4 ↑ (= vier vorwärts), 2 → (= zwei nach rechts), 5 ↑ (= fünf vorwärts)" usw.

Harri hat sich Programmiernotizen gemacht, aber vergessen, Rolands Weg einzuzeichnen. Dies soll das Kind für ihn übernehmen, indem es Harris Notizen „übersetzt" und den Programmierweg mit dem schwarzen Stift einzeichnet.

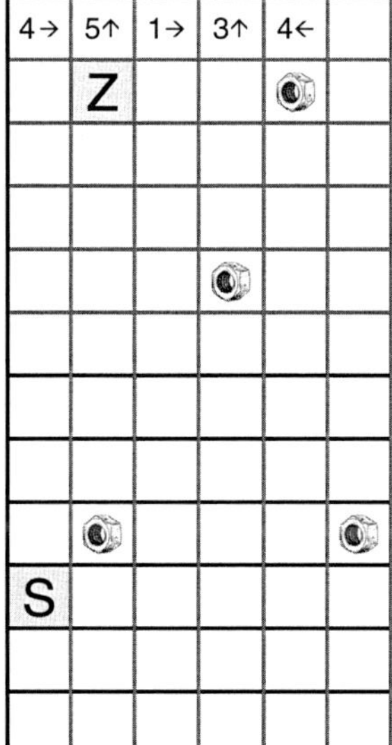

Spielvariante 4:
Start- und Zielpunkt werden erneut auf dem Programmierfeld markiert. Überlegen Sie sich einen Programmierweg und notieren diesen mittels Zahlen und Pfeilen auf dem Feld. Bauen sie jedoch ein Koordinatenpaar ein, das Roland auf eine Schraubenmutter stoßen lässt (s. Skizze links).

Aufgrund eines technischen Problems hat Roland Harris Programmiernotizen durcheinandergebracht und sich doch tatsächlich selbst programmiert. Dabei ist ihm auf dem Weg zum Ziel ein Fehler unterlaufen. Findest du ihn? Das Kind verfolgt Harris Notizen, indem es mit dem schwarzen Stift Rolands Weg einzeichnet. Dabei macht es den Fehler, bei dem Roland auf eine Schraubenmutter stößt, ausfindig.

Roland würde bei diesen Programmierkoordinaten (bei der letzten Anweisung) auf eine Schraubenmutter stoßen.

Kopiervorlage „Roland, der Raumfahrt-Roboter“

Weißt du, wie viel Schäflein ziehen ...? (ab 4 Jahren)

Wenn Harri nicht gerade im Weltraum unterwegs ist, schaut er sich gerne den Nachthimmel an.
Doch heute Abend erblickt er nicht nur leuchtende Himmelskörper, sondern auch viele, viele Wolkenschäflein, die am Vollmond vorbeiziehen.

Wie viele Wolkenschäflein entdeckt Harri? Zähle sie!

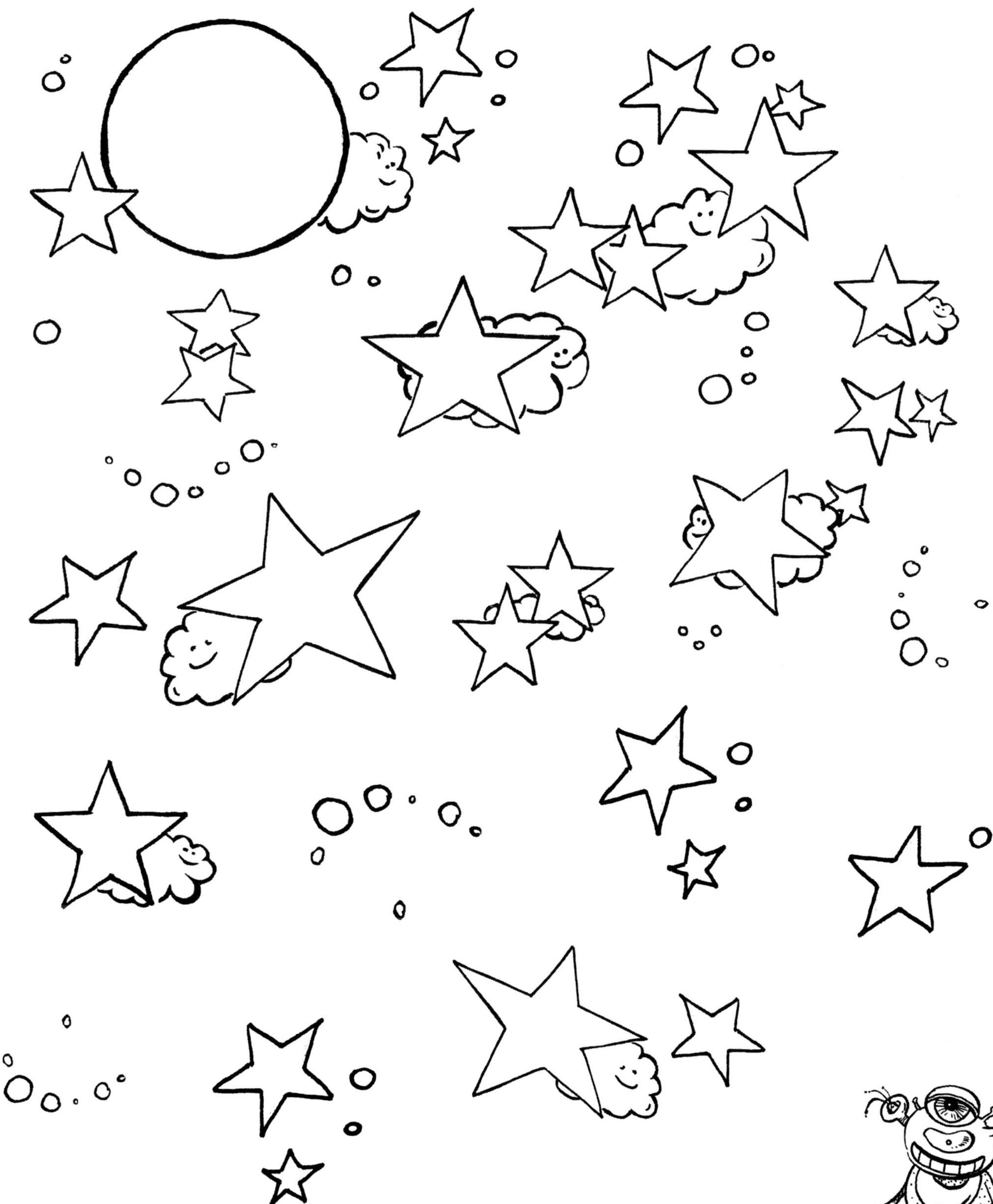

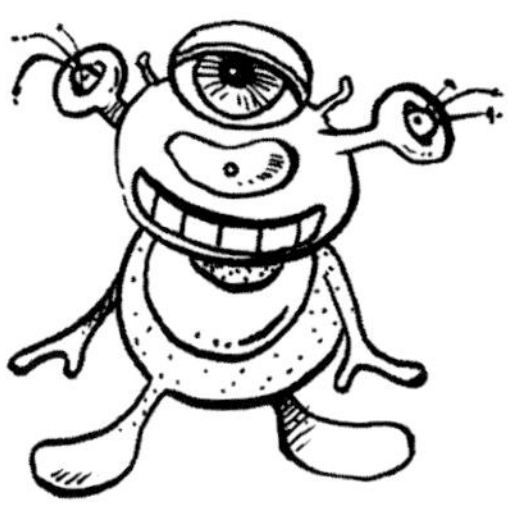

Sterne- und Planeten-Knobelei (ab 5 Jahren)

✂ Schneide die Bilder aus. Lege sie an die richtigen Stellen.

einfach

mittel

BVK • Maggie Jung: Kita aktiv „Sonne, Mond und Sterne – das Weltall begreifen“

Was leuchtet denn da oben? (ab 4 Jahren)

Levi beobachtet den sternenklaren Nachthimmel. Aber da stimmt doch was nicht! Am Himmel stehen ein paar merkwürdige Formen, die nichts mit Sternen zu tun haben!

1. Suche alle Formen, die keine Sterne sind, und male sie rot an!
2. Weißt du auch, wie viele Quadrate, Kreise und Dreiecke sich am Himmel verirrt haben? Schreibe die Anzahl auf die Linien:

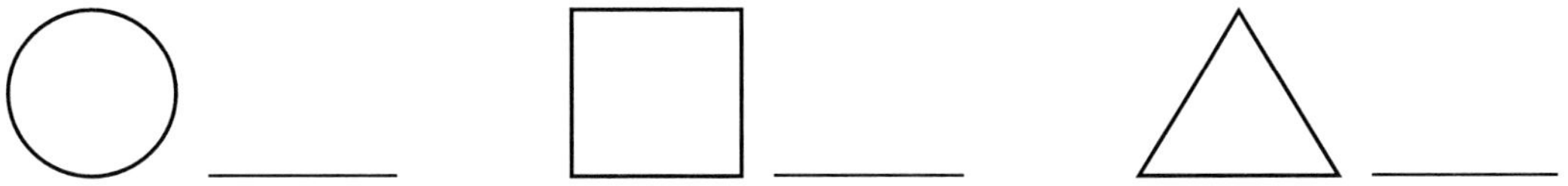

○ ____ □ ____ △ ____

BVK • Maggie Jung: Kita aktiv „Sonne, Mond und Sterne – das Weltall begreifen“

Astro-Domino (ab 4 Jahren, für maximal 6 Spieler)

Material:
Kopiervorlage „Astro-Domino" (siehe unten), Tonkarton, Kleber, 1 Schere

Arbeitsanleitung:
Kopiervorlage bitte 5-mal kopieren und auf Tonkarton kleben. Dann die Kärtchen entlang der gestrichelten Linien ausschneiden. Man erhält insgesamt 50 Bildpaare.

Spielregeln:
Die Karten werden gemischt. Jeder Mitspieler erhält fünf Kartenpärchen, die restlichen Karten kommen verdeckt auf einen Stapel in die Mitte. Der älteste Spieler beginnt und legt eine Karte aus. Der nächste Spieler muss entweder die nächst höhere oder die nächst niedrigere Sternenanzahl anlegen. Die Monde dienen als Joker. Wer keine entsprechende Karte hat, muss eine neue vom Stapel ziehen. Kann auch diese nicht angelegt werden, ist der nächste Spieler an der Reihe. Sieger ist, wer als Erster keine Karten mehr hat. Tritt die Situation ein, dass keiner der Spieler mehr anlegen kann und keine Karten zum Ziehen mehr zur Verfügung stehen, hat der Spieler gewonnen, der die wenigsten Karten hat.

Kopiervorlage „Astro-Domino"

Heute steigt die Weltraumsause! (1) (ab 3 Jahren)

Raketeneinladung:

Material (pro Einladungskarte):
Kopiervorlage „Einladung“ (s. S. 58), heller Tonkarton (DIN A4), Durchschlagpapier, 1 Stift, 1 Schere, evtl. 1 Cutter, 1 kleines Porträtfoto des jeweiligen Kindes, Kleber, Einladungstext (s. u.), Buntstifte

Arbeitsanleitung:
1. Die Kopiervorlage wird mit Hilfe von Durchschlagpapier auf den Tonkarton übertragen.
2. Nun werden die Rakete sowie das Fenster in der Rakete entlang der gepunkteten Linien ausgeschnitten.
3. Entlang der gestrichelten Linie wird die Rakete zu einer Klappkarte gefaltet.
4. In den Innenteil der Klappkarte klebt man das Porträtfoto des Kindes (s. Markierung in der Vorlage), sodass es – bei zusammengeklappter Karte – durch das Fenster sichtbar ist.
5. Der kopierte Einladungstext wird ebenso in den Innenteil der Rakete unter das Foto geklebt.
6. Die Klappkarte kann außen von den Kindern nach Belieben angemalt werden.

Vorschlag für den Einladungstext:

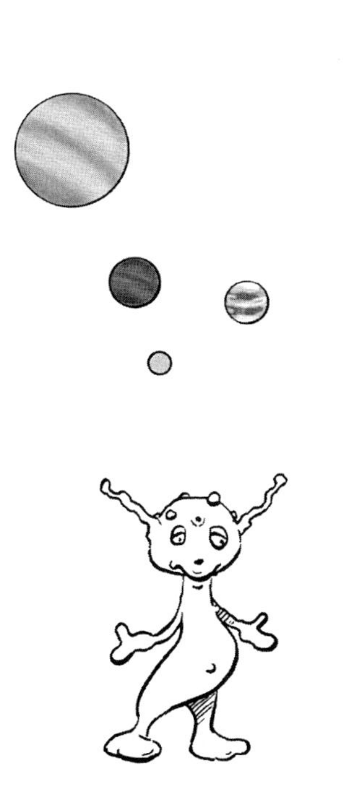

Liebe Mama, lieber Papa!
Liebe Oma, lieber Opa!

In der Kita steigt eine große
Weltraumsause!
Ganz herzlich möchte ich
euch / dich dazu einladen.
Gemeinsam wollen wir uns
auf eine Reise durch das All
begeben, viel Spaß haben
und Kuchen essen.

Unser Fest findet in
unserer Kita statt

am ______________________

Ich freue mich sehr auf
euch / dich!

Dein / e ______________________

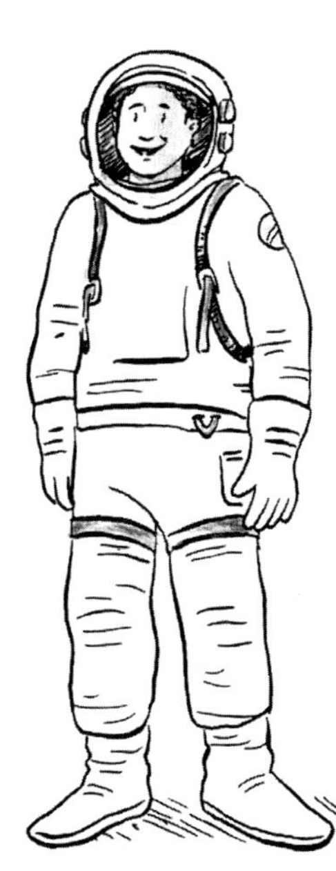

Begrüßungsgedicht:
Die fünf Strophen können von einzelnen Kindern oder kleinen Gruppen auswendig gelernt und vorgetragen werden:

1. Schön, dass ihr gekommen seid,
   war der Weg auch lang und weit.

2. Alle Frauen und auch Männer,
   Astronauten, Sternenkenner …

3. … sind geladen zu dem Fest,
   das niemand auf dem Boden lässt.

4. Denn heute steigt die Weltraumsause
   mit Getöse und Gebrause.

5. Lasst uns nicht mehr länger warten
   und nun die Rakete starten!

Heute steigt die Weltraumsause! (2) (ab 3 Jahren)

Vorschlag für den weiteren Festablauf:
„Die Rakete steigt“ (s. S. 24 – 26), gemeinsames Sonnenkuchenessen (s. S. 43), Wettspiel „Die Roboter sind los!“, (s. S. 76 – 77), Führung durch eine Ausstellung: zum Beispiel Planeten-Mobile (s. S. 27 – 28), „Ufos – ulkige Flugobjekte“ (s. S. 29), Fotos der „Reise zu einem anderen Planeten“ (s. S. 63 – 65) etc., Lied: „Marsmann-Song“ (s. S. 23), Planeten-Tanz – evtl. als Mitmachaktion (s. S. 74 – 75)

Weitere Tipps für das Fest:

- Für die Besucher können (einfach gehaltene) Marsmenschen-Kopfbedeckungen (s. S. 30) angefertigt werden, die beim Eintreffen oder nach der Begrüßung verteilt werden.
- Bis alle Gäste eingetroffen sind, wird passende Musik abgespielt (s. „Medientipps“, S. 7).
- Die Space-Shuttle-Laternen sorgen für eine passende Stimmung.
- Für die Tischdekoration eignen sich ausgeschnittenen Pappkarton-Sterne.
- Als zusätzlicher Schmuck dienen unterschiedlich große Papierkugeln (entweder fertig aus dem Bastelgeschäft oder selbst angefertigt als Pappmaché-Kugeln), die als Planeten angemalt und zum Beispiel zwischen den Ausstellungsstücken ausgelegt werden.
- Am Ende des Festes dürfen sich die Gäste auf einem großen Plakat verewigen – mit einem Farbdaumenabdruck (der zu einem Alien umgestaltet wird) und Unterschrift.

Kopiervorlage „Einladung“

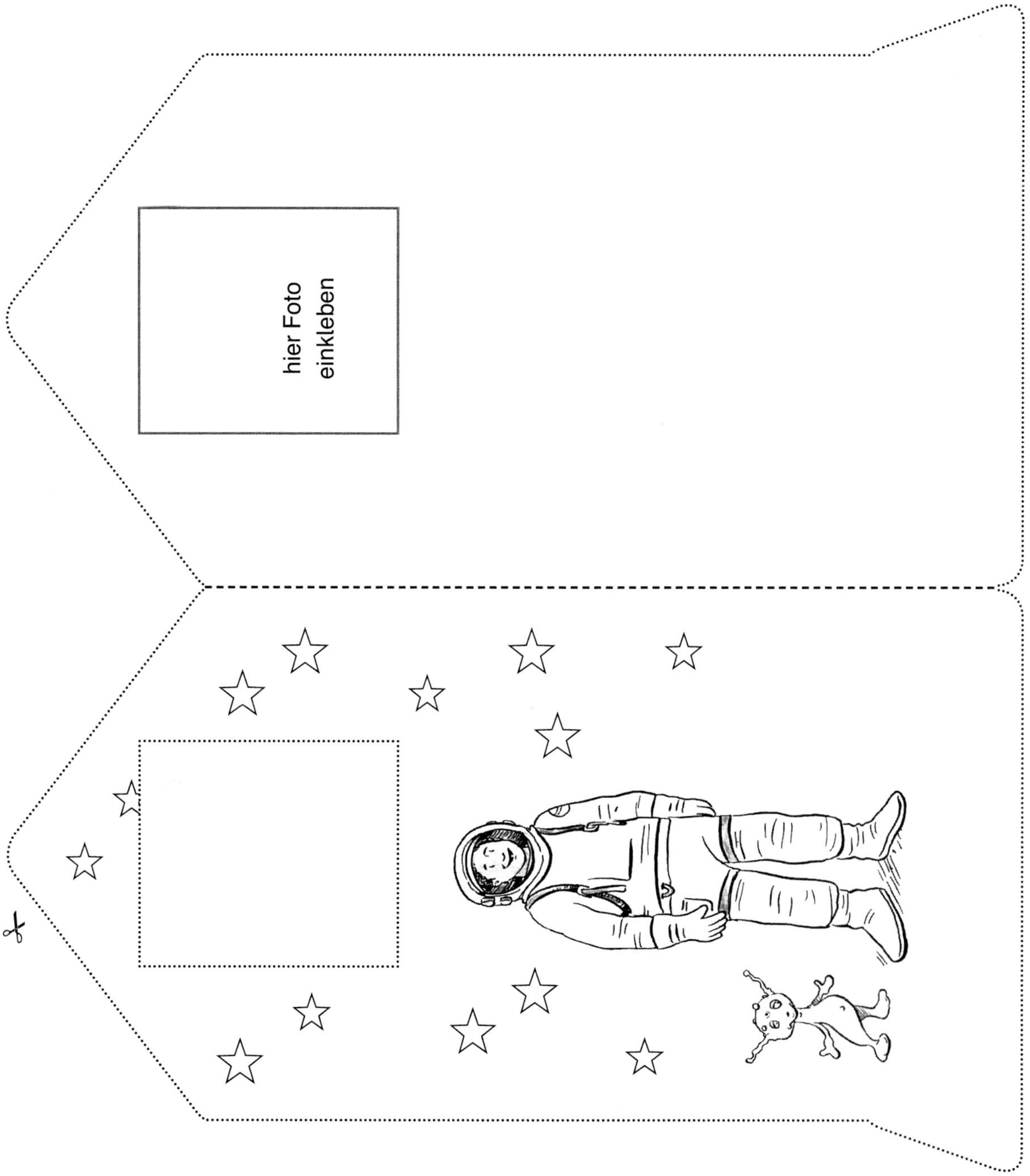

hier Foto einkleben

BVK • Maggie Jung: Kita aktiv „Sonne, Mond und Sterne – das Weltall begreifen“

Lob sei dir, Gott, für Sonne, Mond und Sterne (1) (ab 3 Jahren)

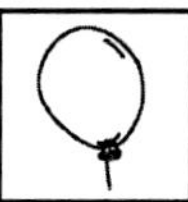

Impulsvorschläge für ein Einführungsgespräch:

- Wo „wohnen" die Planeten? Wie ist das All entstanden? Was war vor dem Urknall? Kein Forscher hat es bislang herausgefunden!
- Hat Gott den Urknall entstehen lassen, die unendliche Weite und die Planeten? Gott hat uns die Erde geschenkt und möchte, dass wir gut mit ihr umgehen!
- Wie gehen wir mit diesem kostbaren Schatz, der „Mutter Erde" um? Sind wir immer gut zu ihr? Was können wir besser machen? Lasst uns heute noch damit anfangen!

Die Geschichte des Franziskus von Assisi:

Es lebte einst ein Mann namens Giovanni Francesco Bernardone. Er wurde im 12. Jahrhundert in Assisi – das liegt in Italien – geboren. Seine Eltern waren reiche Kaufleute. Franziskus – wie wir Francesco nennen – lebte in Saus und Braus und fragte nicht nach anderen. Was kümmerten ihn auch die Armen? Er hatte ja keine Geldsorgen!

Sein großer Wunsch war es, Ritter zu werden. Doch als er während eines Krieges gefangen genommen und sehr schlimm krank wurde, dachte er über sein Leben nach. Es tat ihm plötzlich Leid, dass er die Armen bisher nie beachtet hatte. So begann er, sich um schwerkranke Menschen zu kümmern, die auf der Straße lebten, und pflegte sie.

Als Franziskus eines Tages in der Kirche betete, hörte er Gottes Stimme. Sie sagte: „Francesco, gehe in die Welt und tue Gutes!" Da legte der junge Mann seine teuren Kleider ab und verschenkte seinen ganzen Besitz, auch seine Waffen. Er wollte kein Ritter mehr werden und auch nie wieder in einem Krieg kämpfen!

Er reiste durch die Welt und erzählte vielen Menschen von Gott. Mit einigen seiner Freunde lebte er in einem Orden – einer Gemeinschaft von Menschen, die nur für Gott da sein möchten, beten und Gutes tun. Franziskus hat sehr viel gebetet. Eines seiner schönsten Gebete ist der „Sonnengesang", in dem er Gott für die Schöpfung dankt. Franziskus liebte und achtete die Erde so sehr, dass er in seinem Gebet die Sonne einen „Bruder" und den Mond eine „Schwester" nennt.

Er war erst 42 Jahre alt, als er todkrank wurde. Doch Franziskus hatte keine Angst davor zu sterben – auch den Tod bezeichnet er in seinem Gebet als „Schwester".

Gebet (nach dem „Sonnengesang" des Franziskus):

Großer Gott, ich lobe dich mit allen Geschöpfen!

Ich lobe dich durch den Bruder Sonne,
mit dem du uns Licht schenkst.
Er ist schön und strahlt mit Glanz!

Ich lobe dich durch die Schwester Mond
und die Sterne.
Du hast sie erschaffen.
Sie leuchten hell und sind kostbar!

Ich lobe dich durch den Bruder Wind und die Luft,
durch die Wolken, den heiteren Himmel
und das Wetter.
Es lässt alle Geschöpfe leben!

Ich lobe dich durch die Schwester Wasser,
sie ist sehr bescheiden,
aber nützlich und wertvoll!

Ich lobe dich durch den Bruder Feuer,
mit dem du die dunkle Nacht erleuchtest.
Er ist schön, kraftvoll und stark!

Ich lobe dich durch die Schwester Erde,
sie ernährt und trägt uns.
Du lässt kostbare Früchte, Blumen und Kräuter
auf ihr wachsen!

Ich lobe dich durch alle Menschen,
die anderen verzeihen können.
Du liebst uns alle, Herr!

Ich lobe dich durch die Schwester Tod,
die uns kein Leid antut.
Wir sind selig bei dir!

Großer Gott, ich lobe dich mit all
deinen Geschöpfen!
Bleibe immer bei uns. Amen.

Lob sei dir, Gott, für Sonne, Mond und Sterne (2) (ab 3 Jahren)

Fürbitten:

Lieber Vater im Himmel!

Oft bemerken wir gar nicht die wunderbare Natur.
Hilf uns, die Bäume wieder zu sehen, die Blumen zu riechen und die Vögel zu hören!
Manchmal schimpfen wir über das Wetter, weil es uns gerade nicht gefällt.
Lass uns dankbar sein für Regen, Wind und Sonne!
Mond und Sterne sind weit, weit weg.
Gib uns Freude daran, wie sie leuchten, wenn wir in den Nachthimmel schauen!
Viel zu oft gehen wir mit der Erde nicht gut um.
Hilf uns dabei, sie zu schützen und zu bewahren!
Hin und wieder streiten wir oder beachten manche Kinder gar nicht.
Lass uns Frieden schließen und gut aufeinander aufpassen!

Lieber Vater im Himmel, höre unsere Bitten.
Denn du hast deine Schöpfung und uns Menschen lieb. Amen.

Lied „Lob sei dir, Gott, für Sonne, Mond und Sterne“:

C G7 C
Son - ne, Mond und Ster - ne leuch - ten hell und weit,

G C G C
strah - len oh - ne En - de durch den Raum, die Zeit.

G C G7 C
Du hast sie ge - schaf - fen und sie uns ge - schenkt.

D G7 C G
Du bist un - ser Va - ter, der doch al - les lenkt.

C D C G7 C
Lob sei dir, Gott, für Son - ne, Mond und Ster - ne!

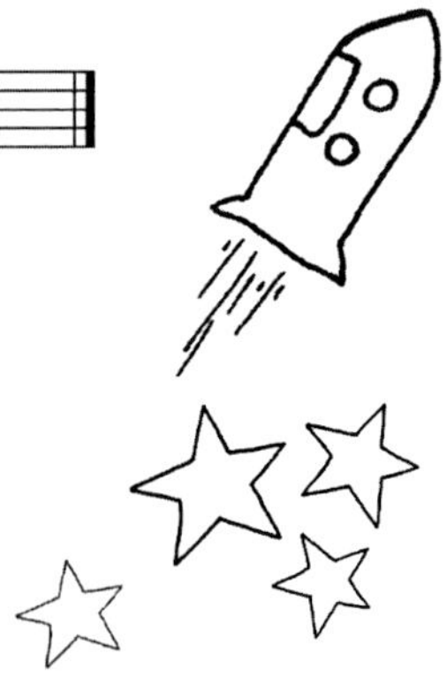

G7 C
Lie - ben - der Va - ter, hast uns Kin - der ger - ne.

Sternbilder-Memo-Spiel (ab 4 Jahren)

Die Vorlage vergrößert kopieren (zwei Mal) und auf Tonkarton kleben. Die Memo-Spielkärtchen an den gepunkteten Linien auseinanderschneiden, mit Buntstiften anmalen (die Sternpunkte gelb) und laminieren oder mit selbstklebender Folie überziehen.

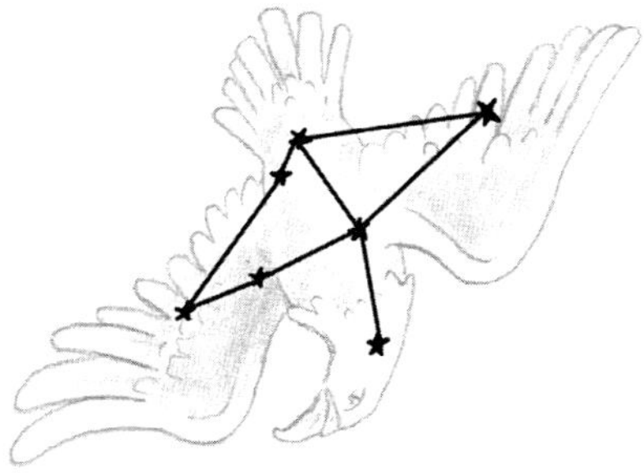

ADLER	LÖWE	GROßER BÄR
GROßER WAGEN	KASSIOPEIA	DRACHE
GROßER HUND	DELFIN	HASE
LEIER	PEGASUS	SCHWAN

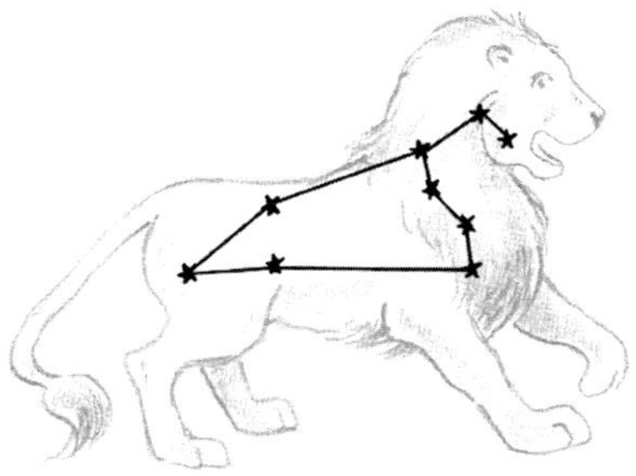

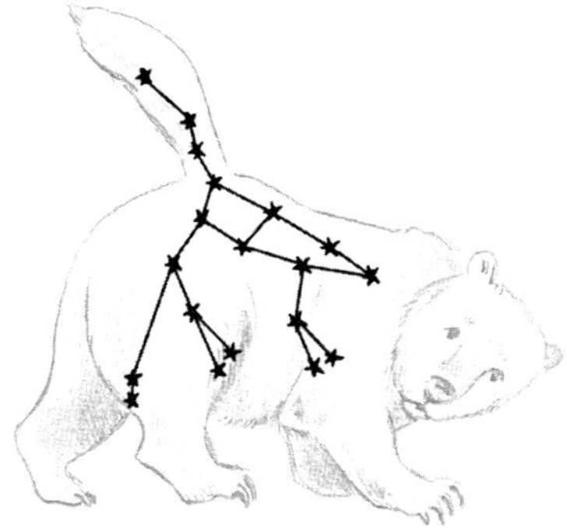

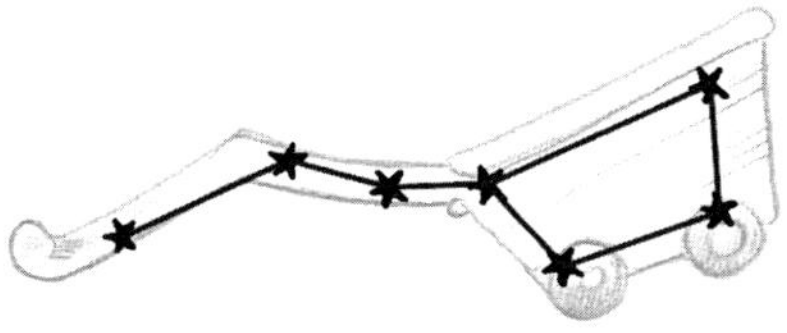

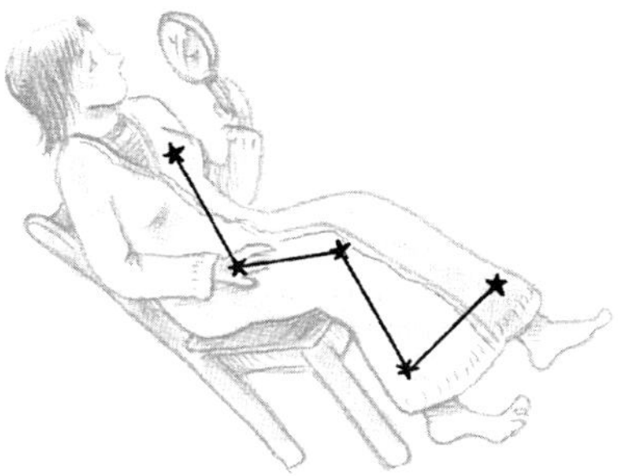

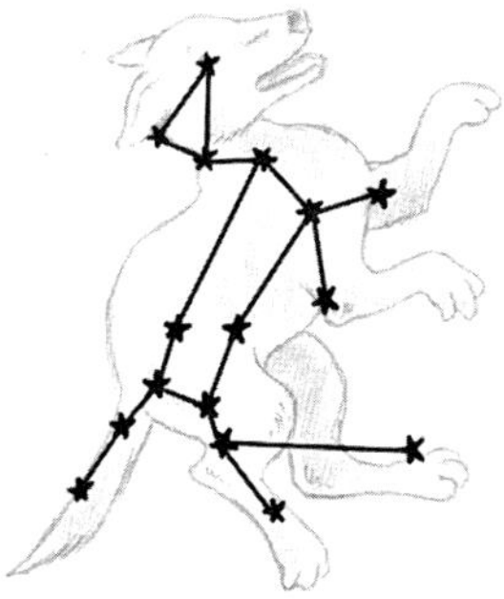

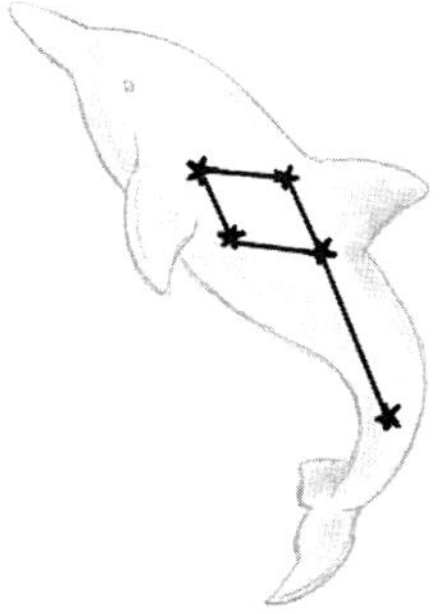

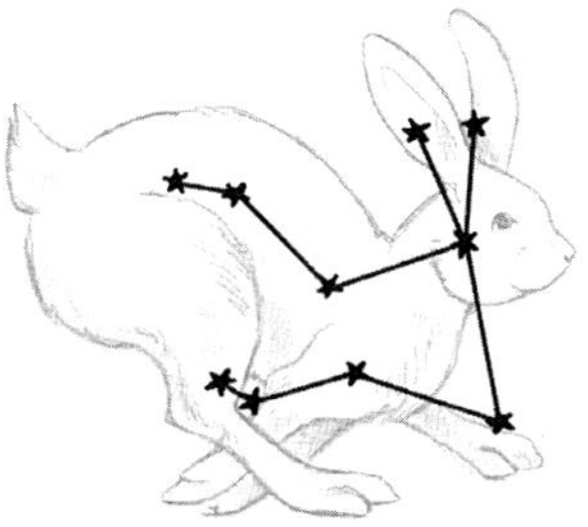

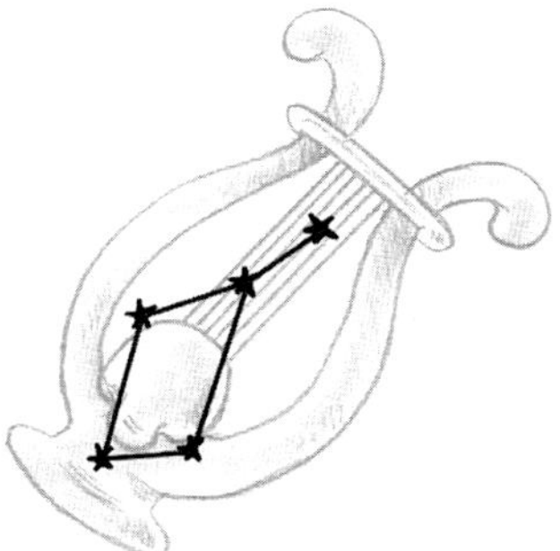

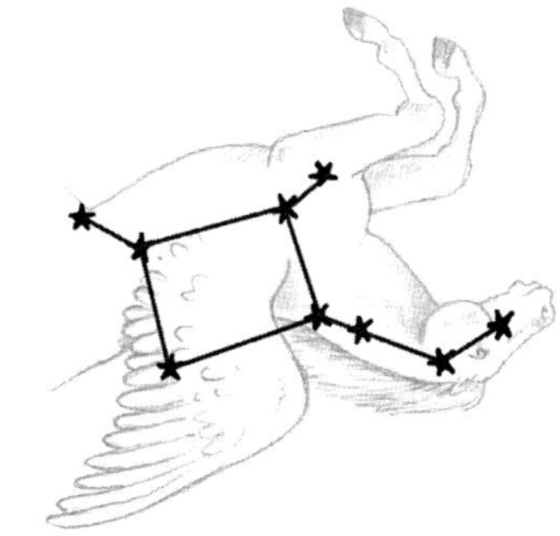

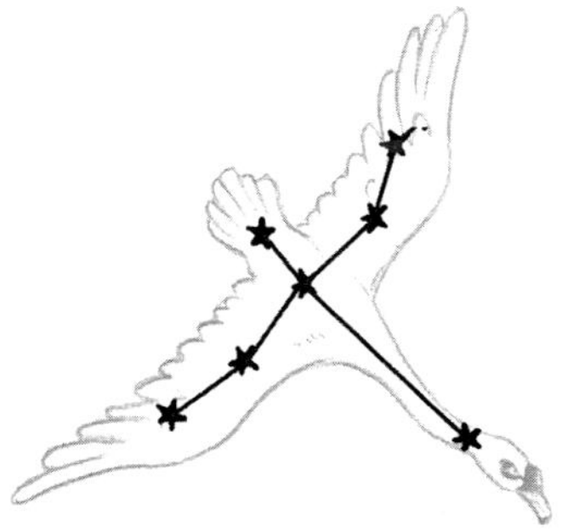

Auf zur Milchstraße und in andere Galaxien! (ab 4 Jahren)

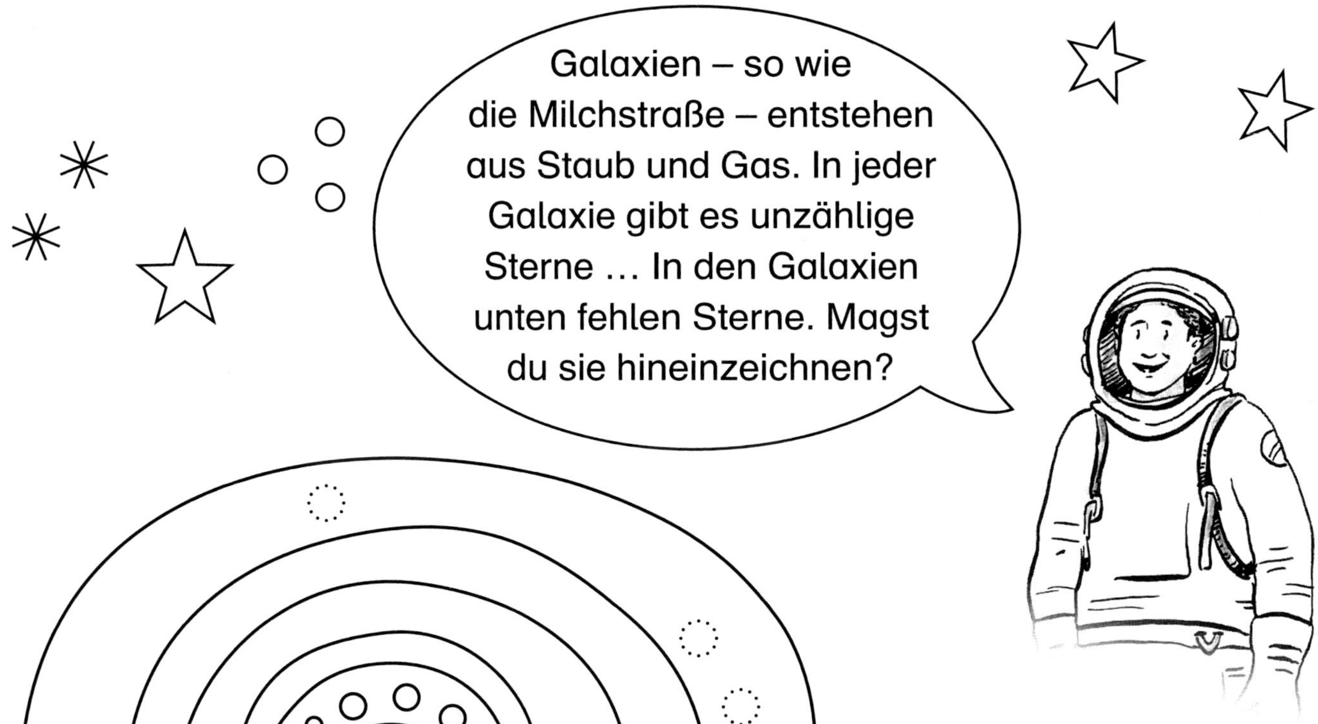

Galaxien – so wie
die Milchstraße – entstehen
aus Staub und Gas. In jeder
Galaxie gibt es unzählige
Sterne … In den Galaxien
unten fehlen Sterne. Magst
du sie hineinzeichnen?

Reise zu einem anderen Planeten (1) (ab 5 Jahren)

Eine meditative Gestaltungsübung für maximal 6 Kinder

Materialien:
6 Schuhkartons mit Deckeln, 6 Sitzkissen, 6 Seile (mind. 2 m lang) oder farbiges Klebeband (das sich wieder problemlos vom Fußboden ablösen lässt), CD-Player, Musik-CD (zur Untermalung eignen sich zum Beispiel Derek Lion: „Icelight“ aus „Wintersun“ / Wellness Edition oder Paul McCartney: „Love Duet“ Movement IV aus „Standing Stone“; s. auch „Musik-Empfehlungen“, S. 7), 1 Schere, Gestaltungsmaterialien: Muggelsteine, Glas- und Holzperlen, Holzkugeln in verschiedenen Größen und Farben, Kieselsteine, Holzspäne, bunte Bausteine, Schnürsenkel, Chiffontücher, Stoffreste (div. Muster), Trinkhalme, Knöpfe, Korken, farbige Papierkugeln, Wattebällchen, Gummiringe, Filz, Moosgummi (Reste), buntes Krepppapier ... (Ihrer Fantasie sind keine Grenzen gesetzt), Fotokamera

Vorbereitung:
Einige Gestaltungsmaterialien können bearbeitet werden, zum Beispiel die Stoffreste in Streifen und die Trinkhalme in kleinere Stücke schneiden; das bunte Krepppapier in Schnipsel reißen und aus den Moosgummiresten kleine und größere geometrische Formen ausschneiden. Wie auch immer: Die Materialien sollten in Farbe, Form, Größe, Oberflächenbeschaffenheit ... Vielfältigkeit aufweisen und somit die Fantasie anregen. Befüllen Sie die Schuhkartons mit allen Materialien, sodass sich in jedem eine kunterbunte Mischung befindet.
Auf dem Fußboden des Raumes – am besten eignet sich eine Turnhalle oder ein großes Foyer – werden die Sitzkissen zu einem Kreis (Durchmesser ca. 3 m) ausgelegt. Neben jedem Sitzkissen platzieren Sie einen geschlossenen Karton mit den Gestaltungsmaterialien. Mit Hilfe der Seile teilen Sie den Kreis in sechs „Grundstücke“ auf; alternativ können Sie die Parzellen auch mit Klebeband kennzeichnen (s. Raumskizze).
Suchen Sie einen geeigneten Platz für den CD-Player und probieren Sie die Lautstärke aus. Die Musik soll nur begleiten und die Kinder müssen Ihre Stimme noch gut hören können. Um zu Beginn der Gestaltungsübung das Suchen des „richtigen“ Musikstückes und damit Unruhe bei den Kindern zu vermeiden, sollten Sie den entsprechenden CD-Track programmieren. Achten Sie auch darauf, potenzielle Störquellen im Vorfeld auszuschließen (tickende Wanduhr abnehmen, Fenster schließen ...).

Arbeitsanleitung:
Der Ablauf der Gestaltungsübung wird den teilnehmenden Kindern noch außerhalb des „Meditationsraumes“ erläutert:
- Du gehst ganz still in den Meditationsraum. Keiner spricht.
- Suche dir einen Platz – ein „Grundstück“ – im Kreis und setze dich auf „dein“ Kissen.
- Neben dir siehst du einen verschlossenen Karton, den du aber so lange nicht anrührst, bis ich es sage.
- Du hörst eine Geschichte. Sei ganz aufmerksam.
- Zu der Geschichte legst du mit den Sachen aus deinem Karton auf den Fußboden ein Bild. So ähnlich, als ob du malst.
- Du selbst entscheidest, welches Legematerial du benutzt und wie dein Bild aussehen soll. Schaue deshalb nicht, was dein Nachbar macht.
- Du brauchst dich nicht zu beeilen.
- Die „Grundstücksgrenzen“ links und rechts darfst du nicht überschreiten.
- Deine Nachbarn darfst du nicht ansprechen oder stören.

Raumskizze:

Kartons: ● Seile / Klebeband: ——
Sitzkissen: ○ Musikanlage:

Reise zu einem anderen Planeten (2) (ab 5 Jahren)

Hinweis:
Das eigentliche Gestalten bedarf keinerlei weiterer Erklärungen. Da sich besonders Vorschulkinder sehr gerne auf das Bauen und Legen mit Materialien einlassen, werden sie eine etwaige anfängliche Hemmschwelle schnell überwinden und sich dann ganz auf die meditative Übung einlassen. Halten Sie sich während der Übung eher im Hintergrund; nehmen Sie jedoch eine beobachtende Rolle ein: Zum einen können Sie – bei Bedarf – unmittelbar einen Impuls zur Gestaltung geben. Zum anderen können Sie sie den Textvorschlag (s. unten) je nach Ausdauer / Verhalten der Kinder spontan kürzen oder aber erweitern. Dabei ist es wichtig, den Kindern zwar Impulse zu geben, jedoch stets Gestaltungsalternativen zu lassen (nicht: „Du siehst einen Baum!“, sondern: „Welche Pflanzen meinst du zu sehen? Hat deine Pflanze Farben?“).

Die Gestaltungsmeditation:

Die Kinder sitzen bereits auf ihren Kissen. Die Erzieherin hält sich in der Nähe der Musikanlage auf und spricht langsam und mit ruhiger Stimme.

Text …	***Aktionen …***
„Schließe deine Augen und sei ganz aufmerksam. Denn jetzt gerade fliegst du in einer Rakete durch das weite, weite All. Es ist ganz leise. Bald wirst du auf einem anderen, ganz fremden Planeten landen …	*Während Sie bereits sprechen, gehen Sie leise um den Kreis herum und öffnen die Kartons.*
Es ist soweit: Deine Rakete landet. Vorsichtig öffnest du die Tür und steigst aus. Du bist ganz gespannt, was dich hier erwartet.	
Öffne nun deine Augen … und gestalte deinen Traumplaneten!	*Die Musik wird eingeschaltet (ggf. Lautstärke korrigieren).*
Wie sieht der Boden aus, auf dem du stehst? Ist er weich oder hart? Vielleicht ist er mit Sand bedeckt oder mit Steinen übersät … Und kannst du Felsen entdecken und Berge? Wie sehen sie aus: grau oder farbig? Erreicht die Sonne mit ihrer Leuchtkraft den fremden Planeten? Genieße die Wärme, spüre sie auf deiner Haut. Und schaue, wie die Strahlen alles erhellen. Du traust dich und gehst auf deinem Planeten umher. Sieh dich weiter um: Gibt es Wasser? Vielleicht kommst du an Pfützen, Tümpeln, Bächen, Flüssen oder Seen vorbei. Oder gibt es in der Ferne gar ein riesiges Meer? Ist das Wasser hell und klar oder schimmert es in anderen Farben? Mache dich weiter auf den Weg. Kannst du Pflanzen entdecken? Wie sehen sie aus? Vielleicht sind es klitzekleine bunte Blumen oder riesige Sträucher und mächtige Bäume … Haben sie Äste und Blätter, solche, wie du sie von der Erde kennst? Oder sehen die Pflanzen ganz anders aus? Schaue nach, ob sie Früchte tragen: kleine, große, bunte, glänzende …	*Lassen Sie beim Vortragen des Textes immer wieder längere Pausen, damit alle Kinder genügend Zeit haben, ihren Stern zu gestalten. Die Kinder breiten die Materialien nach ihren Vorstellungen vor sich aus.*

Reise zu einem anderen Planeten (3) (ab 5 Jahren)

Hast du auch Wiesen oder Felder entdeckt? Lauf einfach querfeldein und du begegnest bestimmt so mancher Überraschung!

Was läuft dir denn da über den Weg? Sind das etwa Tiere … oder die Bewohner dieses Planeten? Gehe näher heran und betrachte sie ganz genau … Nimm dir viel Zeit dazu!

So langsam musst du dich von dem unbekannten Planeten verabschieden; deine Rakete steht schon bereit …

Da keine weiteren Gestaltungsimpulse mehr erfolgen, finden die Kinder an dieser Stelle allmählich zum Ende.
Die Erwähnung der Verabschiedung gibt den Kindern indirekt einen Hinweis auf das bevorstehende Ende der Gestaltungsübung.

Schließe nun deine Augen. Du steigst in deine Rakete …, sie hebt ab. Nach einem langen, ruhigen Flug landet sie wieder. Du öffnest die Tür und steigst aus …

Fahren Sie fort, sobald kein Kind mehr Materialien in den Händen hält.

Willkommen zurück auf der Erde!"

Betrachtungsgespräch:
Je nach Dauer der meditativen Übung sollte ein anschließendes Gespräch erst nach einer gründlichen Bewegungspause (evtl. draußen) erfolgen.

Die Kinder dürfen zunächst alle Traumplaneten bestaunen: sechs völlig unterschiedliche, fantasievolle und kreative Kunstwerke! Anschließend sitzen alle wieder an ihren Plätzen, denn jeder (der mag) erzählt von „seinem" Planeten, von bekannten oder ungewöhnlichen Formen, Farben und Figuren, von den Entdeckungen, Begegnungen und sagenhaften Erlebnissen …

Das nebenstehende Foto zeigt, wie das Ergebnis der meditativen Gestaltungsübung aussehen kann.

Puzzle „Harri" (ab 3 Jahren)

Hinweis:
Das Puzzle eignet sich aufgrund seiner großen und „griffigen" Teile schon für kleine Kinderhände ab drei Jahren. Sie sollten die Kleinsten jedoch beim Zusammenlegen der Teile begleiten. Zudem dient das Poster „Harri" den Kindern als Puzzlevorlage.

Materialien:
„Harri, der Astronaut" (s. S. 11), Lineal, Bleistift, Schere, Buntstifte, 25 leere Streichholzschachteln in handelsüblicher Größe (5,4 x 3,6 cm), Klebestift

Anleitung:
1. Die Vorlage wird auf DIN-A4-Größe kopiert und anschließend – mit Hilfe von Lineal und Bleistift – auf die exakte Größe von 18 x 27 cm zurechtgeschnitten.
2. Nun wird die Vorlage auf ihrer Vorderseite (Motivseite) so mit einem Raster versehen, dass 25 gleich große Kästchen (5,4 x 3,6 cm) entstehen:

3. Die Kästchen, die keine Motivbruchstücke enthalten, werden zusätzlich mit Sternen versehen. Dabei ist darauf zu achten, dass die Sterne kästchenübergreifend gezeichnet werden. Kein Puzzleteil sollte blanko bleiben.

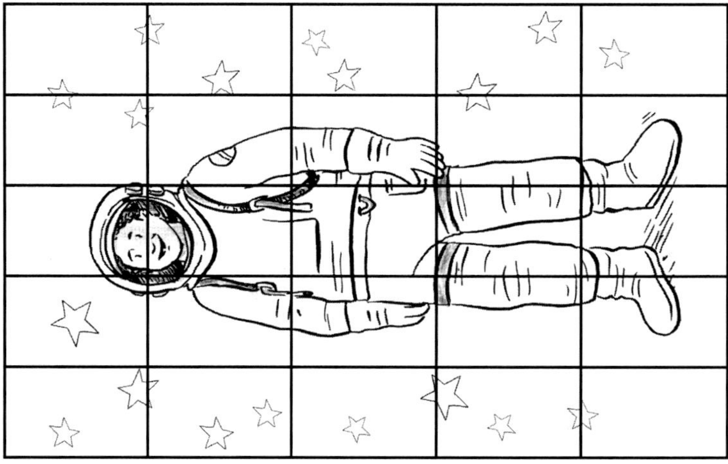

4. Die Kinder malen das Puzzlemotiv nach Belieben bunt aus.
5. Anschließend werden die Puzzleteile entlang der Rasterlinien sorgfältig auseinandergeschnitten.
6. Jede Streichholzschachtel wird mit einem Motivteil versehen (Klebestift).

Nach dem Trocknen der Teile kann es mit dem Puzzeln losgehen. Wer kann Harri, den Astronauten, am schnellsten wieder zusammensetzen?

BVK • Maggie Jung: Kita aktiv „Sonne, Mond und Sterne – das Weltall begreifen"

Hast du einen Traumplaneten? (ab 5 Jahren)

Male deinen Traumplaneten.

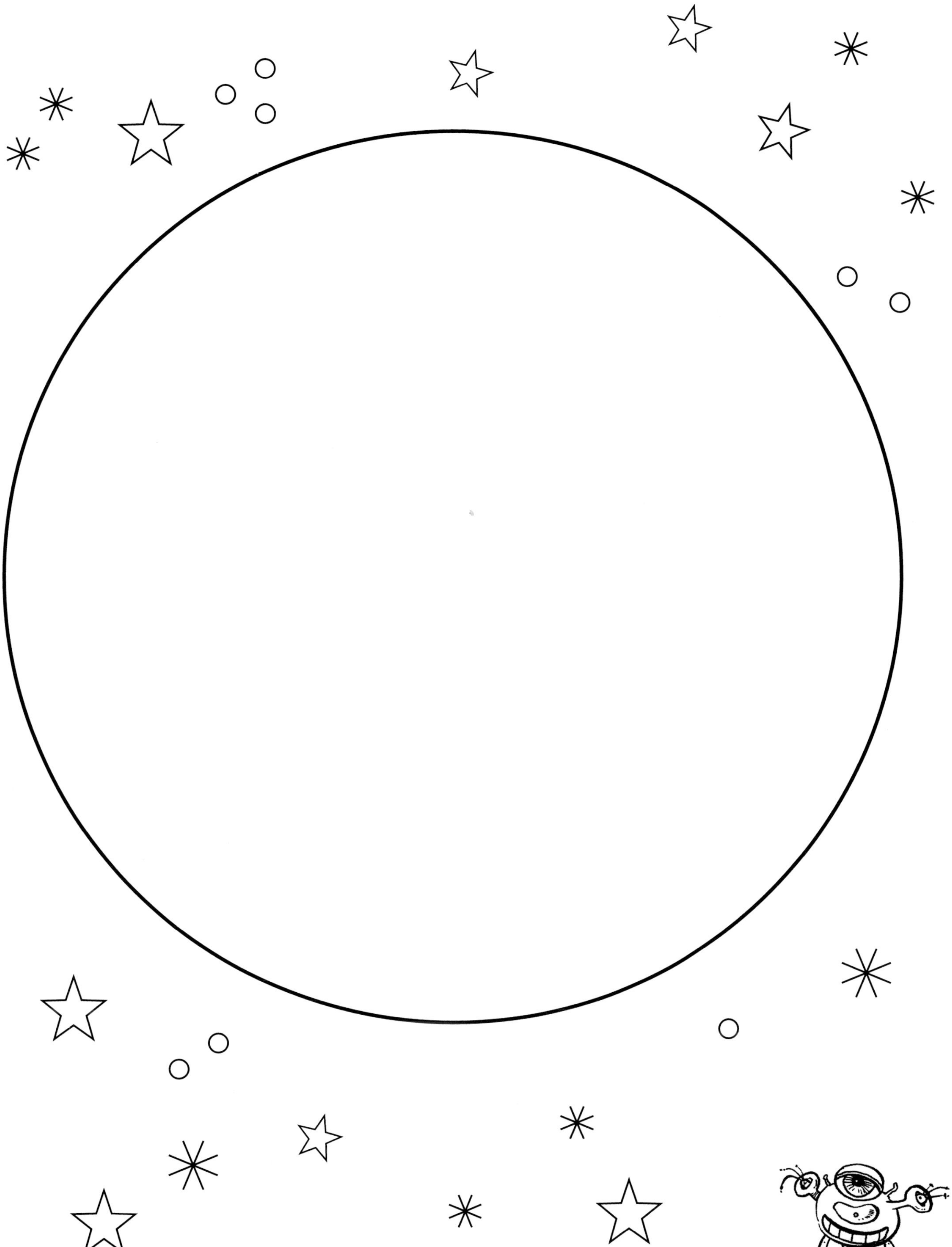

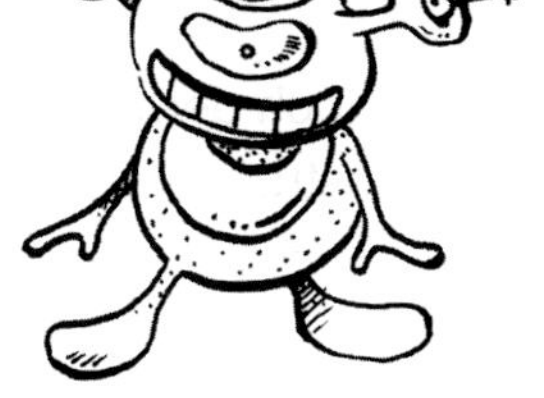

Rasante Fluglinien! (ab 4 Jahren)

Astronaut Harri startet mit seiner Rakete ins All. Dabei fliegt er ganz schön rasant!

Setze die Linien fort.

Tipp:
Zur Übung können die Kinder die Linienmuster auch erst mit dem Finger verfolgen.

BVK • Maggie Jung: Kita aktiv „Sonne, Mond und Sterne – das Weltall begreifen“

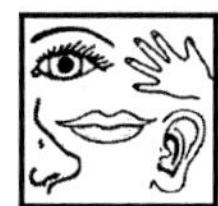

Außerirdische (ab 3 Jahren)

Ordne den Außerirdischen die richtigen Schatten zu! Verbinde.

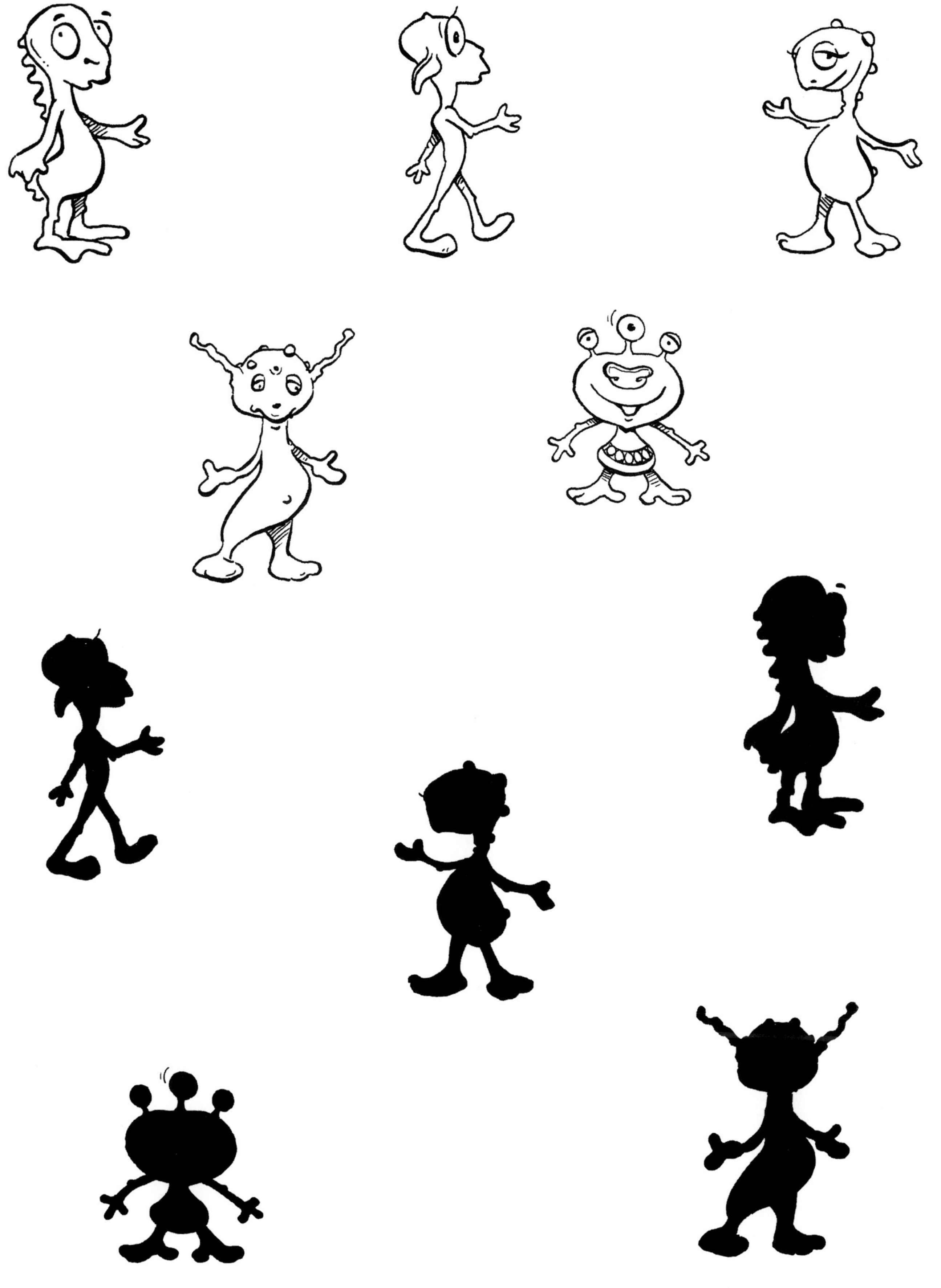

Sternen-Mandala (ab 4 Jahren)

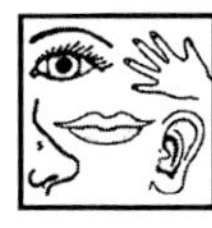

 Male an.

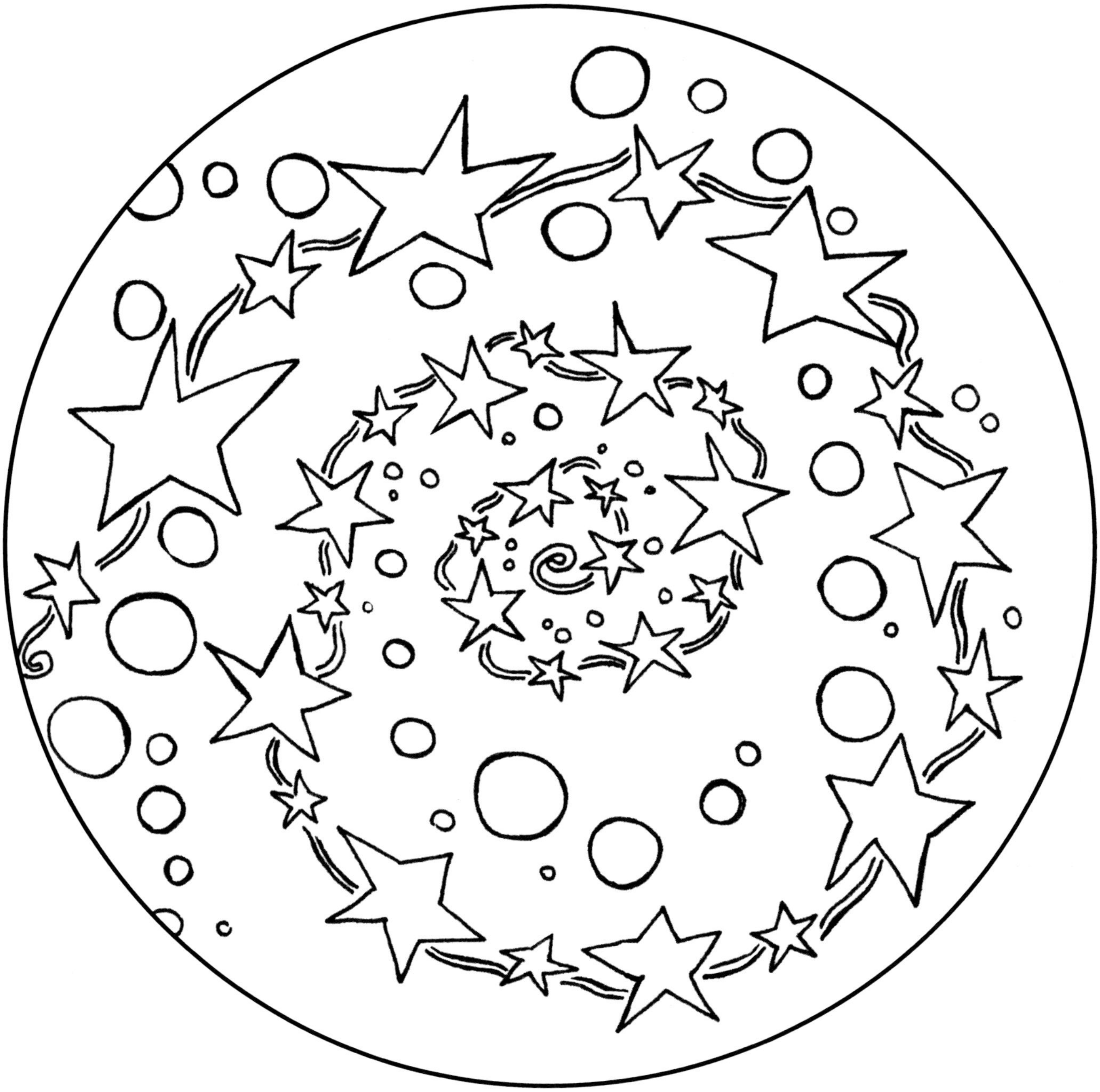

Tipp:
Wird das Mandala auf Architektenpapier kopiert und mit Filzstiften ausgemalt, erhält man ein leuchtendes Fensterbild. Es kann zusätzlich laminiert und ausgeschnitten werden. Dabei sollte man jedoch einen Rand überstehen lassen, so kann man mit einer Nadel einen Nylonfaden durchziehen und das Mandala daran aufhängen. Die leuchtenden Sterne zaubern eine angenehme Atmosphäre!

Eine Raumfahrt, die ist (nicht nur) lustig … (1) (ab 3 Jahren)

… sondern auch ganz schön anstrengend!

Hinweis:
Der Alltag eines Astronauten kann im Anschluss an die Erzählrunde „Interview mit Harri (s. S. 13 – 17)" nacherlebt werden. Die Reihenfolge der unten aufgeführten Aktionen richtet sich daher nach dem „Interview mit Harri", kann jedoch aus praktischen Gründen ohne Weiteres umgestellt werden.
So könnte Aktion Nr. 4 beispielsweise an den Schluss gesetzt und Aktion Nr. 5 (trinken) nach Aktion 1 erfolgen.

Materialien:
mehrere Turnmatten (je nach Anzahl der Kinder), Turnkleidung (der Kinder), 1 Schneeanzug (Overall), 1 breiter Gürtel, 1 Paar große Schneestiefel („Moonboots"), 1 Paar gepolsterte Winterhandschuhe, 1 Mofa- oder Motorradhelm, 1 mit Tüchern oder einer Decke ausgepolsterter Rucksack, der somit zur „Sauerstoffflasche" zweckentfremdet wird (von Schneeanzug bis Rucksack, evtl. alles in doppelter Ausführung), Stoppuhr (alternativ: Uhr mit Sekundenzeiger), verschraubbare Holz- und Metallelemente mit Schrauben und Schraubenziehern (aus der Bauecke) in zwei verschiedenen Behältnissen, 1 Planschbecken oder 1 Badewanne, Badeanzüge und -hosen (der Kinder), evtl. Badelatschen, Badetücher, Fruchtriegel (einzeln in Folie eingeschweißt), Fruchtsaftgetränke in Aluminium-Getränketütchen mit Trinkhalmen, Trocken(schaum-)Shampoo, Handtücher, 1 Haarbürste, Kopiervorlage „Aliens" (s. S. 73), Architektenpapier für die Kopiervorlage „Alien", Malunterlagen, Filzstifte, evtl. Fingerfarbe (geeignet für Fenster), evtl. 1 Schere, evtl. Klebefilm

Vorbereitungen:
Je nach Wetter können die Turnmatten (für Aktion Nr. 1) in der Turnhalle (oder im genügend großen Kita-Foyer) oder im Garten ausgelegt werden. Es sollten so viele Matten vorhanden sein, dass alle teilnehmenden Kinder gleichzeitig aktiv werden können.
Verfügt die Kita über eine Badewanne, kann diese für Aktion 3 genutzt werden. Ansonsten wird in der Turnhalle (oder im Foyer) das Planschbecken aufgestellt und mit Wasser gefüllt. Im Sommer empfiehlt sich natürlich das Aufstellen im Garten. Die Badetücher sollten in der Nähe der Wanne bzw. des Planschbeckens bereitgelegt werden.
Die Dose mit dem Trockenshampoo kann mit einem selbst erstellten Aufkleber präpariert werden, zum Beispiel: Skizze, bei der dem Astronauten die Haare zu Berge stehen. Ebenso können die Fruchtriegel und Trinktütchen mit bunten, kreativen Aufklebern (z. B. Raumfahrtkapsel, Astronautenhelm) versehen werden.

Los geht's:

1. Astronautentraining:
Wer ist fit und schafft das harte Training? Machen Sie es vor – und jeder macht so mit, wie er kann.
Nach dem Aufwärmen (z. B. im Uhrzeigersinn mehrere Runden in der Halle um die Matten herumlaufen, hüpfen …) können folgende Übungsanregungen umgesetzt werden, die Sie nach Belieben erweitern, abwandeln und ergänzen können: rückwärts gehen (Achtung: nicht anstoßen!), 5 – 10 Knie-beugen, 5 – 10 Mal „Hampelmann" springen, gerade stehen und mit den Fingerspitzen den Fußboden berühren, Rolle vorwärts / rückwärts, auf den Rücken legen und die Fußspitzen so weit wie möglich bis hinter den Kopf bringen, stehend die Knie abwechselnd in Richtung Kinn ziehen / mit den Fersen in den eigenen Po kicken, entspannen: Arme nach oben strecken und einatmen, Arme nach unten fallen lassen und ausatmen (mehrmals wiederholen).

2. Raumfahrtanzug anziehen:
Ob Sommer oder Winter: Rein in die Klamotten! Erst der Schneeanzug – pardon: Raumfahrtanzug, dann wird der Gürtel um den Bauch geschnallt. Nun in die Moonboots, danach die „Sauerstoffflasche" auf den Rücken schnallen, Helm auf und Handschuhe an.

Eine Raumfahrt, die ist (nicht nur) lustig ... (2) (ab 3 Jahren)

Mit einer Stoppuhr kann gemessen werden, wie lange die kleinen Raumfahrer zum Anziehen der „Astronautenkleidung“ benötigen. Die Kinder können die Montur jeweils ein paar Minuten anlassen und ausprobieren, welche Bewegungen noch bequem auszuführen sind (z. B. gehen) und welche nicht so gut funktionieren (z. B. die Knie beugen).

3. Weltraummission:

An zwei technischen Anlagen im Weltraum muss fleißig geschraubt werden! Das erste Kind beginnt und fügt mittels Schrauben und Schraubenzieher zwei Bauelemente zusammen, das nächste Kind schraubt ein weiteres Teil daran usw.

Tipp:

Nehmen „angehende Astronauten“ verschiedenen Alters in einer Gruppe teil, so stellt man für die jüngeren Kinder die größeren und griffigeren Holzbauelemente bereit und für die älteren eine Kiste mit Teilen aus der Metallbauecke. Dann können die „Astronautenschüler“ selbst entscheiden, an welcher Mission (Reparaturarbeit) sie sich beteiligen möchten.

4. Schwerelosigkeit:

Falls die Kinder nicht bereits während des „Interviews mit Harri“ ausprobiert haben, was „Erdanziehung“ bedeutet, kann dies jetzt vorab erfolgen (z. B.: einen Gegenstand hochwerfen – „Wo landet er?“ – „Auf der Erde“, also immer „unten“). Um einen ähnlichen Effekt zu erzielen wie bei der Schwerelosigkeit, steigen die Kinder in die Badewanne / ins Planschbecken und lassen zum Beispiel ihre Arme ohne Anstrengung im Wasser gleiten (sie „schweben“ von allein an die Wasseroberfläche).

Tipp:

Um einen ähnlichen Effekt von Schwerelosigkeit am ganzen Körper zu erfahren, können Sie mit den Kindern auch ein Schwimmbad besuchen. Dazu bitte genügend Begleiter engagieren. Außerdem sind evtl. Einverständniserklärungen der Eltern notwendig. Bitte an Schwimmhilfen, ggf. Sonnencremes etc. denken!

5. Weltraummahlzeit:

Ganz so einfach wie das Fruchtriegelnaschen und das Trinkhalm-Schlürfen gestaltet sich eine Mahlzeit im Weltraum zwar ganz bestimmt nicht. Aber so ähnlich geht es ... und außerdem kommt die Aktion nach einem schweißtreibenden Astronauten-Training oder nach dem „schwerelosen“ Plantschen ganz gelegen.

6. Haare „waschen“:

„Waschen“ kann man das nun wirklich nicht nennen, aber eine andere Alternative haben Astronauten auch nicht: Den Schaum in das trockene Haar (oder ins Handtuch) geben, das Haar mit dem Handtuch gut durchfrottieren, bürsten – fertig! Bitte beachten Sie die Anweisungen auf der Shampoo-Flasche.

7. Aliens:

Bereits nach dem „Interview mit Harri“ konnten die Kinder ihre Fantasien äußern – nun dürfen sie „ihren“ Außerirdischen vom anderen Planeten nach eigenen Vorstellungen auf Architektenpapier malen und am Fenster leuchten lassen. Sie können auch die Kopiervorlage „Alien“ auf Architektenpapier kopieren und diese von den Kindern mit Filzstiften bemalen lassen, so erhalten die Bilder einen tollen Leuchteffekt und können an die Kita-Fenster geklebt werden.

Tipp:

Gemeinsam können Sie auch mit Fingerfarbe ein großes Raumschiff an ein Gruppenfenster malen, die Aliens der Kinder grob ausschneiden und drumherum drapieren.

Kopiervorlage „Alien“

BVK • Maggie Jung: Kita aktiv „Sonne, Mond und Sterne – das Weltall begreifen“

Tanz der Planeten (ab 5 Jahren)

Der englische Komponist Gustav Holst hat die Eigenschaften, die man – aus astrologischer Sicht – den einzelnen Planeten zuordnete, musikalisch umgesetzt (siehe dazu auch Infos unter „Vorbemerkungen und Arbeitshinweise", s. S. 6). Für das Bewegungsangebot sind davon ausgewählt worden:
Venus: die Friedensbringerin
Jupiter: der Bringer der Fröhlichkeit
Uranus: der Zauberer

Materialien:
CD-Player, CD „The Planets" von Gustav Holst (s. „Medientipps", S. 7), Sitzkissen
zum Herstellen der Legekarten: Kopiervorlage „Tanz der Planeten", Tonkarton (DIN A4), 1 Schere, Kleber, 1 Laminiergerät und -folie oder transparente Folie, evtl. Turnkleidung (Kinder)

Vorbereitungen:
Die Legekarten (s. Kopiervorlage) auf Tonkarton kleben, ausschneiden und laminieren, am CD-Player die Tracks Nr. 2, 4 und 6 programmieren, Raum (Turnhalle) herrichten: Sitzkissen (für Teil 1 des Angebots) auslegen

Arbeitsanleitung:
Während Teil 1 besser in Kleingruppen durchgeführt wird, ist Teil 2 auch mit einer größeren Kindergruppe möglich.

Teil 1:
- Die Kinder sitzen im Kreis auf Kissen, während Sie ihnen die Aufgabe erklären: „So, wie jeder Mensch verschieden ist, sind auch die Planeten ganz unterschiedlich. Man sagt, es gibt einen Friedensbringer, einen Bringer der Fröhlichkeit und einen Zauberer. Der Komponist hat zu den Planeten Venus, Jupiter und Uranus Melodien geschrieben. In den Melodien kann man hören, wer von den dreien der Friedensbringer, der Bringer der Fröhlichkeit oder der Zauberer ist (Zeigen Sie den Kindern an dieser Stelle die Legekarten). Wenn ich nun die Melodien vorspiele, schließt ihr eure Augen und überlegt, welche Karte dazu passen könnte."
- Track 2 wird abgespielt (nicht komplett!) mit der Ankündigung: „Hier kommt die Melodie zum Planeten Venus." „Wie ist die Musik ...?" (sanft, zart, ruhig ...) „Welcher Karte würdet ihr die Venus-Melodie zuordnen?" → Friedensbringer
- Track 4 wird abgespielt (nicht komplett): „Jupiter" (Die Musik ist schnell, heiter, wird lauter ...) → Bringer der Fröhlichkeit
- Track 6 wird abgespielt (nicht komplett): „Uranus" (Die Musik ist erst geheimnisvoll, manchmal gar etwas unheimlich, wird lauter ...) → Zauberer

Teil 2:
- Die Kinder sollen die Planeten (und ihre Eigenschaften) in einem Tanz ausdrücken. Kündigen Sie dazu das jeweilige Stück an und erinnern Sie an die Eigenschaften, zum Beispiel: „Hier ist Jupiter, der Bringer der Fröhlichkeit. Erinnert euch daran, wie Jupiter ist: heiter, überschwänglich, schnell, fröhlich, beschwingt ..."
- Tanzen sie evtl. mit (das kann schüchternen Kindern die Hemmungen nehmen).
- Wichtig: Jedes Kind darf die Planeten so tanzen, wie es selbst es für richtig hält. Gegebenenfalls kann auch zwischendurch nochmals an die Eigenschaften erinnert werden.

Kopiervorlage „Tanz der Planeten“

Bitte 1:1 kopieren (oder nach Belieben größer).

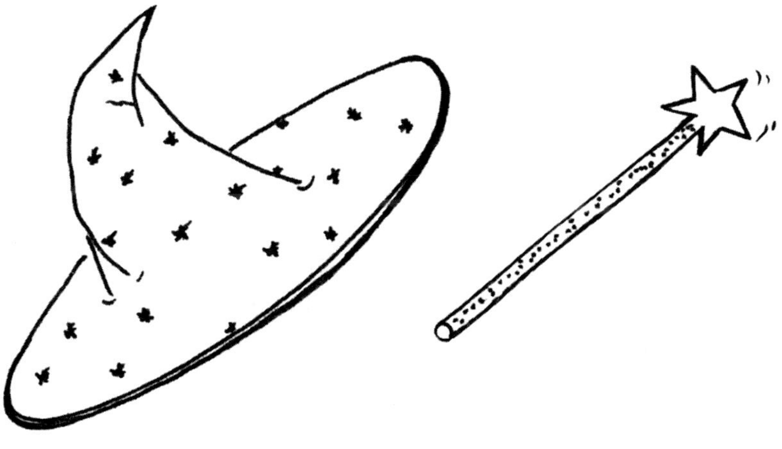

Die Roboter sind los! (1) (ab 3 Jahren)

Hinweis:
Für alle Spiele eignet sich am besten eine Turnhalle. Leichte Turnkleidung für die Kinder ist empfehlenswert, aber nicht zwingend notwendig. Die verschiedenen Ideen können sowohl in den Turnstunden als auch während eines Kita-Festes (s. „Heute steigt die Weltraumsause!“, S. 57–58) eingesetzt werden. Zur musikalischen Untermalung des ein oder anderen Spiels s. „Medientipps“, S. 7).

Spielidee „Wilde Sternenkinder“:
Gewöhnlich stehen die Sternenkinder – wie auch die großen Sterne – am Himmel in Gruppen zusammen. Doch – wie das eben auch bei Menschenkindern so ist – sind auch Sternenkinder gerne wild und laufen kreuz und quer durch das All. So lange, bis die Sternenmama das Chaos entdeckt und sich alle Sternenkinder wieder ganz schnell in Gruppen zusammenfinden müssen.

Material:
1 Trillerpfeife oder ein anderes akustisches Signal

Spielverlauf:
Alle Kinder laufen in der Halle umher. Sobald Sie ein Signal geben und eine Zahl rufen (es muss immer eine Zahl sein, durch die die Anzahl der Kinder teilbar ist), finden sich die Kinder schnell in entsprechenden Gruppen (3er-Gruppe, 6er-Gruppe etc.) zusammen. Die Gruppe, die sich jeweils zuletzt zusammenfindet, scheidet aus. Sieger ist die Sternengruppe, die am Schluss übrigbleibt.

Spielidee „Milchstraße“:
Wie alle Galaxien verändert sich die Milchstraße immer wieder. Von oben sieht sie dabei aus wie eine große Spirale, die ständig in Bewegung ist.

Spielverlauf:
Bei diesem Bewegungsspiel ohne Verlierer ist ein Kind der Anführer der „Milchstraße“, alle anderen Kinder bewegen sich in einer Reihe hinter ihm her. Dabei bildet es Spiralen und andere „schlangenförmige“ Muster und macht währenddessen vor, wie sich alle fortzubewegen haben: zum Beispiel laufend, hüpfend, krabbelnd …

Spielidee „An die Startplätze! Klamotten an! Abheben!“:
Einen Raumfahrtanzug anzuziehen, ist gar nicht so einfach und kann seine Zeit dauern. Manchmal haben die Astronauten ganz schön mit den Klamotten zu kämpfen …

Material:
2 Schneeanzüge (Overalls), 2 breite Gürtel, 2 Paar große Schneestiefel (sog. „Moonboots“), 2 Paar gepolsterte Winterhandschuhe, 2 Mofa- oder Motorradhelme, 2 Rucksäcke mit Tüchern oder einer Decke ausgepolstert (= „Sauerstoffflasche“), 2 Turnmatten, 2 kleine Tücher

Vorbereitungen:
Die Weltraumanzug-Teile werden jeweils an den beiden Startplätzen (an einer Kopfseite des Raumes) platziert. Die Turnmatten und je 1 Tuch werden am anderen Ende des Raumes ausgelegt. Die Kinder bilden zwei Astronauten-Gruppen. Ist die Teilnehmerzahl ungerade, kann ein Kind Schiedsrichter sein (s. unten).

Spielverlauf:
Bei Zuruf „An die Startplätze! Klamotten an! Abheben!“ starten jeweils die ersten Kinder der Wettgruppen und versuchen, so schnell wie möglich, die Raumfahrtanzüge anzuziehen. Dabei sollten alle Teile richtig sitzen – darauf hat der Schiedsrichter zu achten. Anschließend laufen die Astronauten zu ihren „Raumfähren“ (den Turnmatten), setzen sich darauf, nehmen das Tuch und winken einmal. Sodann laufen sie schnell zurück, ziehen sich aus und der jeweilige Nachfolger ist an der Reihe. Welche Astronautenmannschaft ist die schnellste?

Die Roboter sind los! (2) (ab 3 Jahren)

Spielidee „Die Roboter sind los“:
Roboter sind wichtige Helfer bei Weltraummissionen. Doch anscheinend werden ihre Batterien schnell leer, denn sie bleiben hin und wieder einfach stehen.

Material:
CD-Player, Musik

Spielverlauf:
Die Kinder bewegen sich wie Roboter zur Musik. Wird diese ausgeschaltet, müssen sie abrupt stehenbleiben. Wer sich noch bewegt oder auf den Beinen wackelt, muss ausscheiden. Die drei Roboter, die am Ende übrigbleiben, sind die Sieger.

Spielidee „Lustige Sternbilder“:
Marsmann Hubert sind die üblichen Sternbilder oft zu langweilig, schließlich kennt er sie alle in- und auswendig. Daher macht er sich einen Spaß daraus, sich immer wieder neue lustige Sternbilder auszudenken …

Material:
CD-Player, Musik

Spielverlauf:
Die Kinder sind „Sterne“ und laufen zur Musik in der Halle umher. Wird die Musik ausgeschaltet, ruft Hubert ihnen ein (selbst erdachtes) „Sternbild“ zu. Alle versuchen gemeinsam, sich zu einem großen Sternbild zu formieren. Vorschläge für „Sternbilder“: Ball, Zug, Dreieck … oder schwieriger: Haus, Blume, Schnecke …

Spielidee „Wünsch dir was!“:
Sieht man eine Sternschnuppe am sommerlichen Nachthimmel, darf man sich etwas wünschen und hoffen, dass es in Erfüllung geht!

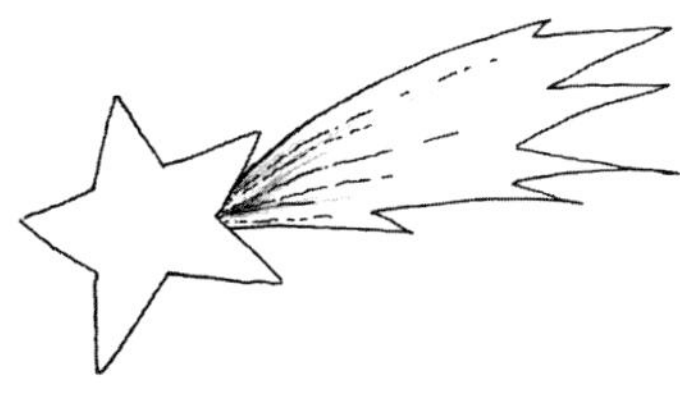

Material:
1 kleines Tuch oder 1 kleiner (gelber) Softball

Vorbereitungen:
Als „Sternschnuppe“ dient entweder ein Tuch, in das ein dicker Knoten gemacht wird (eignet sich nur bei einer kleinen Teilnehmerzahl / bei einem kleinen Kreis, s. „Spielverlauf“) oder der Ball. Ein Kind wird als „Sternschnuppenbeobachter“ ausgewählt.

Spielverlauf:
Alle Kinder stehen in einem großen Kreis; der „Sternschnuppenbeobachter“ steht in der Mitte.
Die Kinder im Kreis werfen sich – entweder der Reihe nach im Uhrzeigersinn oder kreuz und quer nach Belieben – die „Sternschnuppe“ zu. Wird sie dabei nicht aufgefangen und fällt zu Boden, darf der „Sternenbeobachter“ sie schnell aufheben und sich etwas wünschen, das alle anderen ausführen müssen, zum Beispiel: „Alle reden wie ein Alien.“, „Alle lassen gemeinsam eine Rakete steigen.“ (= akustisch immer lauter werden), „Alle machen Astronauten-Training.“ (= fünf Kniebeugen …) etc. Danach darf ein anderes Kind „Sternschnuppenbeobachter“ sein.

Die Sternsammler (1) (ab 4 Jahren, für 2 – 4 Spieler)

Spielidee:

Oje! Da sind doch tatsächlich Sterne vom Himmel gefallen! Mitten auf einer grünen Wiese liegen sie. Nun gilt es für die Sternsammler, ihre Sterne schnell wieder einzusammeln. Dazu müssen sie Leitern herabklettern und ein Floß überqueren, das auf einem Bach treibt. Ein spannendes Abenteuer, denn das Sternesammeln ist nicht so einfach, wie es scheint!

Material:

für die Herstellung des Spiels einschließlich der Figuren: Kopiervorlagen „Spielbrett Sternsammler" (s. S. 80 – 81) und „Figuren Sternsammler" (s. S. 82), Bunt- oder Filzstifte, transparenter Klebefilm, 1 Klebestift, Tonkarton (ein Bogen à DIN A3), 1 Schere, selbstklebende Transparentfolie oder Laminierfolie und -gerät, selbstklebendes Klettband (falls zu aufwändig, kann es auch weggelassen werden), Tonkarton (ein Bogen à DIN A4), 1 Cutter

für die Durchführung des Spiels: 1 Würfel mit Augen

Die Herstellung des Spiels:

1. Die beiden Spielbrett-Teile werden entlang der gestrichelten Linien ausgeschnitten und danach passgenau zusammengelegt. Auf der Rückseite wird ihre Naht mit Klebefilm zusammengefügt.
2. Nun wird das Spielbrett zum Beispiel wie folgt angemalt:
   - Die Wiese (Spielbrettskizze (s. S. 79 unten: Markierung „a"): grün
   - Der Bach (Spielbrettskizze: Markierung „b"): blau
   - Alle Leitern (insgesamt sechs Stück, Spielbrettskizze: Markierung „c"): hellbraun
   - Der Himmel (Spielbrettskizze: Markierung „d"): hellblau
   - Die Wolken (Spielbrettskizze: Markierung „e"): rosa, gelb, blau und weiß
   - Alle begehbaren Felder (das sind die insgesamt 22 Zwischenräume der Leitersprossen, s. Spielbrettskizze: Markierung „f") verbleiben weiß.
3. Nach dem Anmalen wird das Spielbrett auf Tonkarton geklebt und anschließend mit Transparentfolie beklebt oder laminiert.
4. Auf die Wolkenränder (Spielbrettskizze: Markierung: „g") klebt man ggf. jeweils ein 1 cm^2 großes Stück selbstklebendes Klettband (raue Seite).
5. Die Spielfiguren werden wie folgt angemalt:
   - Die Sternsammler: beliebige Farben, jedoch erhält jedes der vier einen anderen Farbton (ggf. passend zu den Farben der Wolken). Dabei ist darauf zu achten, dass die Sternsammler gut zu unterscheiden sind.
   - Das Floß: dunkelbraun
   - Die Sterne (insgesamt vier Stück): gelb
6. Alle Teile werden auf Tonkarton (Reste) geklebt und entlang ihrer Außenkonturen ausgeschnitten.
7. Zur Herstellung der Sternsammler fährt man wie folgt fort: Die gepunkteten Linien werden mit der Schere oder mit dem Cutter (von Ihnen!) sorgfältig eingeschnitten.
8. Nun wendet man die Sternsammler so, dass sie „auf den Gesichtern liegen", legt Punkt A auf Punkt B und faltet sie somit mittig (s. Faltskizze, rechts).
9. Dann bringt man die Kanten C und D zusammen und steckt sie an den Einschnittstellen ineinander (s. Faltskizze rechts). Der vordere Schnitt dient später zum Einstecken des Sterns (s. „Spielverlauf").
10. Das Floß und die Sterne werden mit selbstklebender Transparentfolie beklebt oder laminiert. Auf der Rückseite der Sterne bringt man ggf. jeweils ein 1 cm 2 großes Stück selbstklebendes Klettband (flauschige Seite!) an.

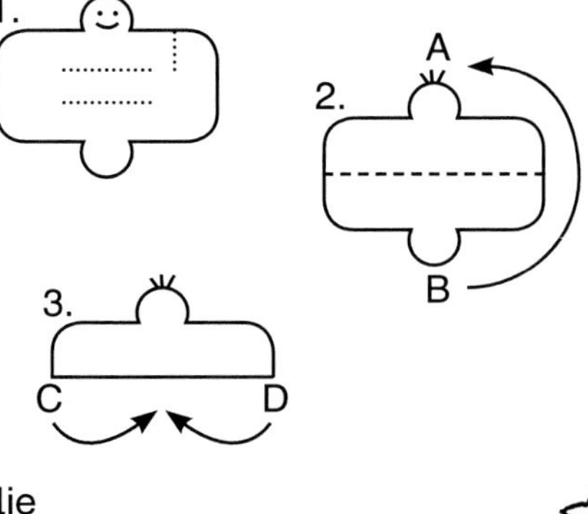

Die Sternsammler (2) (ab 4 Jahren, für 2 – 4 Spieler)

Spielvorbereitung:

Die vier Sterne werden wahllos auf der grünen Wiese (in einem Feld darf nur ein Stern liegen) verteilt. Spielen weniger als vier Spieler mit, werden entsprechend weniger Sterne auf die Wiese gelegt. Das Floß wird in die Mitte des Baches gesetzt (mittleres Feld, s. auch Spielbrettskizze). Von den Wolken, die gleichzeitig als Start- und Zielfelder dienen, sucht sich jedes Kind eine aus und wählt einen Sternsammler aus. Diesen stellt es auf „seine" Wolke.

Spielverlauf:

Jeder Mitspieler darf einmal würfeln. Das Kind, das zuerst eine Eins würfelt, beginnt die Spielrunde. Von nun an wird im Uhrzeigersinn gewürfelt. Je nach Augenzahl werden die Sternsammler auf den begehbaren Feldern (= Leiterzwischenräume) weitergerückt. Dabei ist es erlaubt, innerhalb eines Wurfs in beide seitlichen Richtungen zu gehen. Dies ist gut, denn man darf auf das Floß nur aufspringen, wenn man mit seiner Würfelpunktzahl genau auf dem Floß auskommt. Man kann jedoch zum Beispiel erst drei Felder nach links gehen und dann eins nach rechts (wenn man eine Vier gewürfelt hat und das Floß zwei Felder links von einem steht).

Das Floß zu erwischen, ist nicht immer einfach: Jeder Spieler hat die Möglichkeit, beim Würfeln einer Eins das Floß um jeweils ein Feld nach links oder rechts zu verrücken. Wer taktisch spielt, lässt bei der Gelegenheit das Floß entweder in eine für seinen Sternsammler günstige Richtung treiben oder aber lässt das Floß von den gegnerischen Sternsammlern wegtreiben, damit diese nicht ohne Weiteres auf das Floß aufspringen und den Bach überqueren können.

Bei einer gewürfelten Eins darf aber wahlweise auch der Sternsammler ein Feld weitergerückt werden. Haben die Sternsammler die wacklige Überquerung des Baches erfolgreich hinter sich gebracht, steuern sie einen der Sterne auf der Wiese an. Dort angekommen, stecken sie einen Stern in ihre Bauchtasche (dazu wird eine Zacke in die Einschnittstelle geschoben) und treten den „Heimweg" an. Auch jetzt gilt es, das Floß erneut zu überqueren, bevor die letzte Etappe schließlich schnell zur „eigenen" Wolke zurückführt. Die Wolken können allerdings erst betreten werden, wenn die Würfelpunktzahl genau auf dem letzten Feld – also der Wolke – auskommt. Erst dann dürfen die Sternsammler den Stern aus der Bauchtasche nehmen und ihn an „ihre" Wolke stecken, damit er dort die Nacht hell erleuchtet.

Spielende / Ziel:

Der Sternsammler, der als Erster einen Stern über „seiner" Wolke erstrahlen lassen kann, hat gewonnen.

Spielbrettskizze:

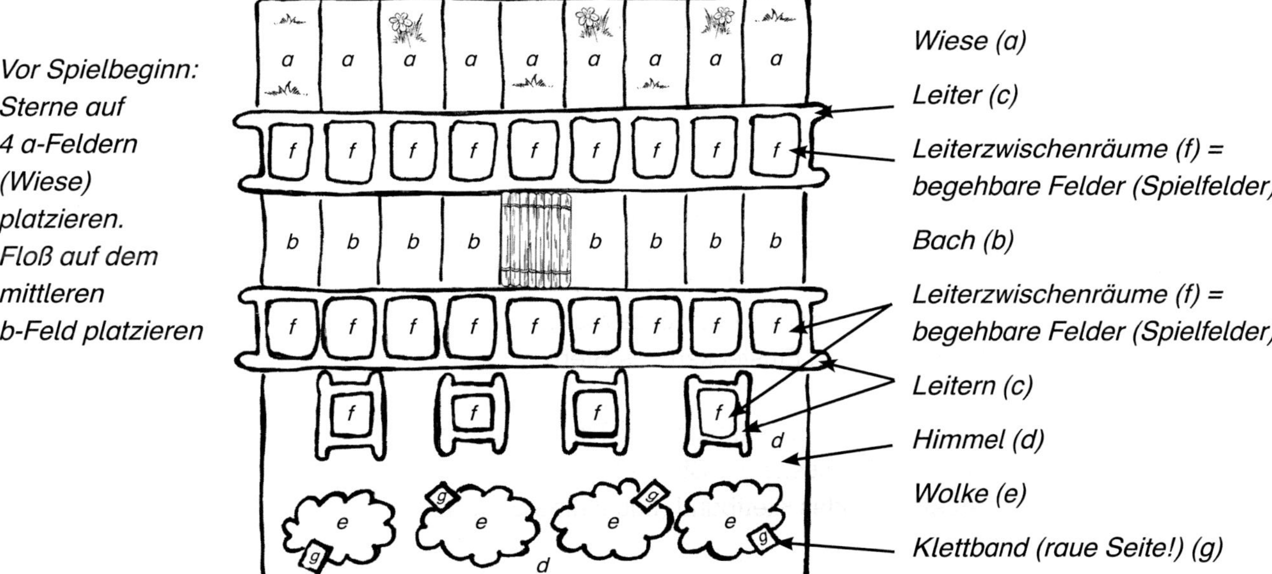

Kopiervorlage „Spielbrett Sternsammler“ (1)

An der Naht mit Spielbrett Teil 2 zusammenkleben.

Kopiervorlage „Spielbrett Sternsammler“ (2)

An der Naht mit Spielbrett Teil 1 zusammenkleben.

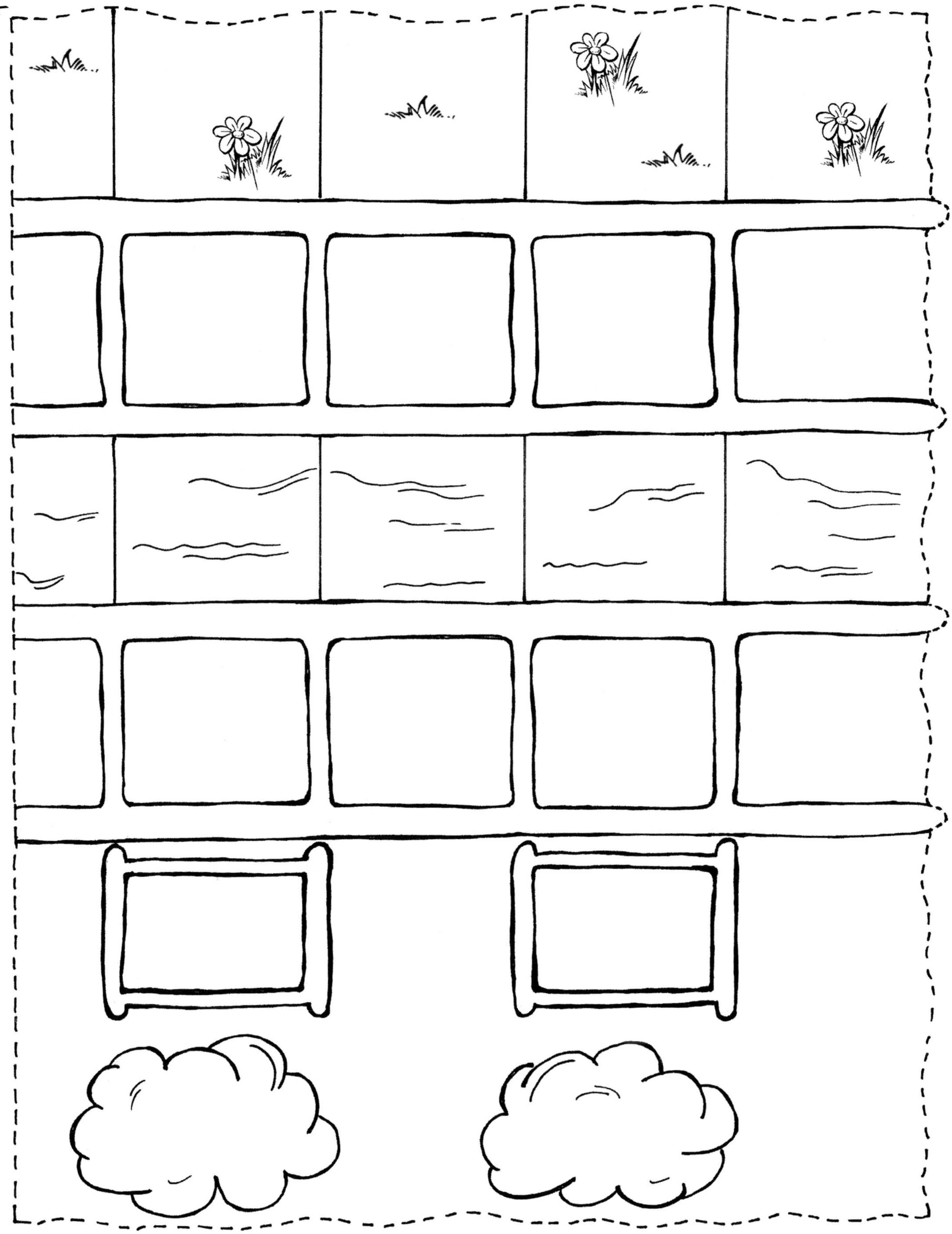

Kopiervorlage „Figuren Sternsammler“

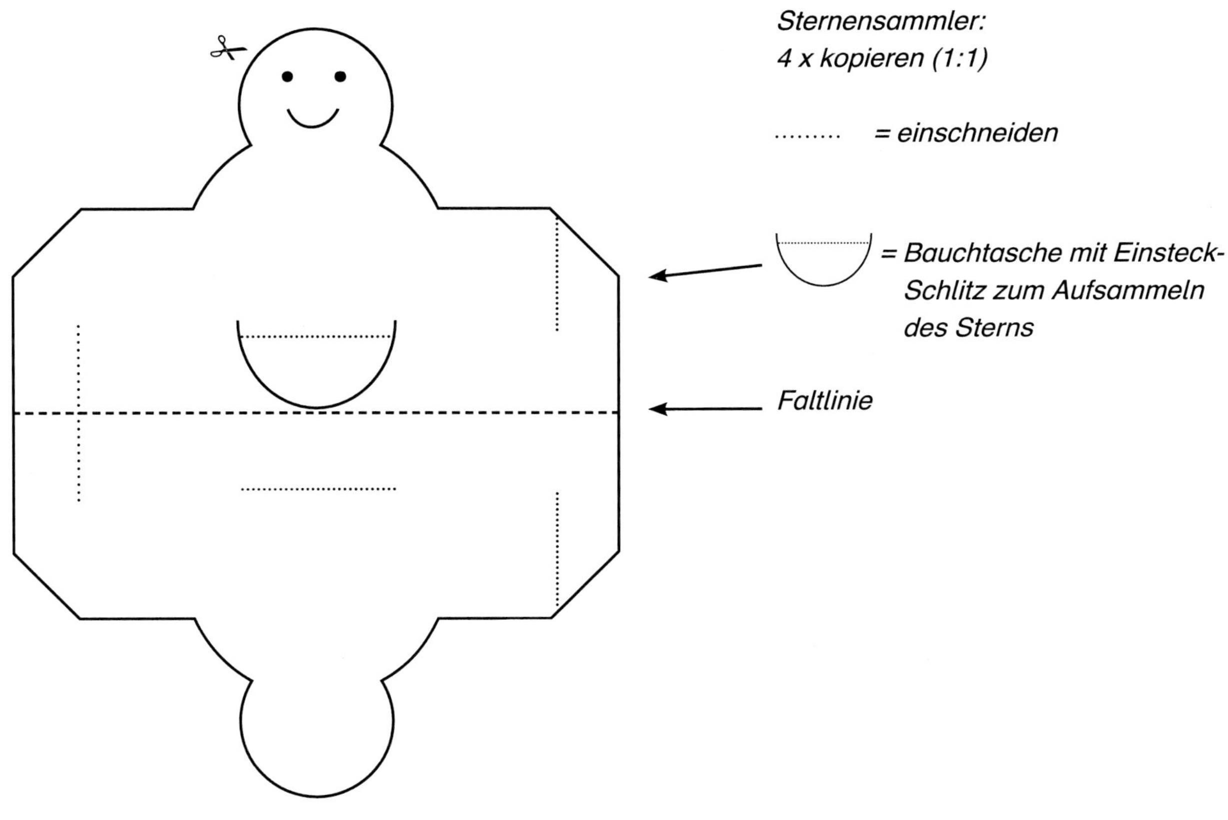

Sterne: 1 x kopieren (1:1)

Floß: 1 x kopieren (1:1)

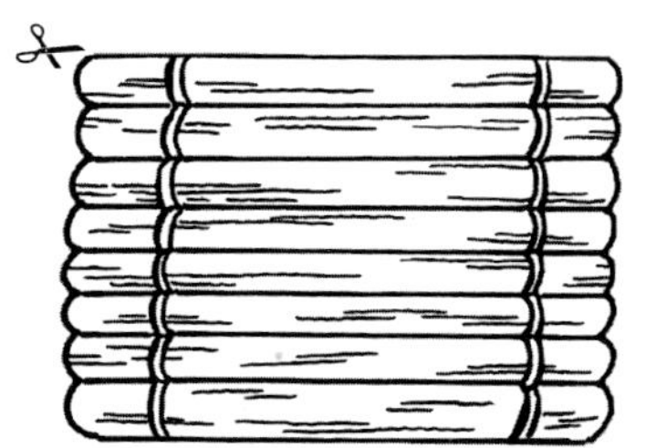

Der Blaue Planet (ab 4 Jahren)

Es gilt, dem Blauen Planeten wieder mehr Beachtung zu schenken und alles zu schützen und zu bewahren, was auf der kostbaren Erde lebt. Die Hosentaschenzettelaktion kann über einen längeren Zeitraum erfolgen. Dazu werden die Zettel (s. Kopiervorlage „Hosentaschenzettel“, s. S. 84) so oft kopiert, dass, zunächst einmal, für jedes Kind ein Zettel vorhanden ist. (Weitere Kopien können bei Bedarf später folgen.)

- Die Hosentaschenzettel werden zusammengefaltet und in eine Schüssel gelegt.
- Jedes Kind zieht einen Zettel.
- Im Kreis wird besprochen, was darauf zu sehen ist und was das Symbol bedeuten könnte, zum Beispiel:
  - Nase + Blume → Rieche an den Blumen, wenn du an ihnen vorbeikommst;
  - Wasserstrahl aus Wasserhahn, durchgestrichen → Lasse (beim Händewaschen) nicht so lange das Wasser laufen;
  - zwei Hände ineinander verschlungen → Schließe Frieden mit einem Kind, mit dem du dich gestritten hast.
- Jedes Kind trägt seinen Zettel tagtäglich (in der Hosentasche) bei sich. Die entsprechenden Aufgaben gelten jeweils für eine ganze Woche. Das bedeutet nicht, dass alle Aufgaben jeden Tag oder gar mehrmals täglich zwingend ausgeführt werden müssen (z. B. Geschenke machen). Vielmehr sollen die Kinder einen wachen Geist entwickeln und lernen, darauf zu achten, entsprechende Gelegenheiten zur Umsetzung ihrer Aufgabe wahrzunehmen.
  Beispiel: Beim Ankleiden bemerkt das Kind A, dass Kind B Schwierigkeiten beim Zubinden seiner Schuhe hat; Kind A wird dadurch an seine Aufgabe erinnert und hilft. Die Option zu handeln, bleibt durch die Hosentaschenzettel präsent.

Nach jeweils einer Woche wird die Vorlage erneut kopiert und die Zettel werden neu ausgelost. Sollten Kinder den gleichen Zettel ziehen wie in der Vorwoche, kann getauscht werden oder überlegt werden, welche andere Aktion noch zu dem Symbol passen könnte.

Legende:

Symbol:	**Aktion:**
• Nase + Blume →	Rieche an den Blumen!
• Wasserhahn + Strahl, durchgestrichen →	Lasse nicht so lange das Wasser laufen!
• Hände, ineinander verschlungen →	Schließe Frieden mit ...!
• Ohr + Vogel →	Höre den Vögeln zu!
• Auge + Baum →	Betrachte einen Baum ganz genau!
• Hand bindet Schnürsenkel →	Hilf einem Kind, das dich braucht!
• Käfer →	Achte auf Käfer und andere Insekten!
• Schmetterling →	Achte auf Schmetterlinge!
• Eimer + Müll →	Sammle Müll auf (Garten, Park ...)!
• Glühbirne, durchgestrichen →	Schalte das Licht aus, wenn es nicht gebraucht wird!
• weinendes Kind →	Tröste, wenn jemand traurig ist!
• Tannenzapfen →	Sammle Naturmaterialien und betrachte sie genau!
• Stein →	Finde schöne Steine!
• Noten →	Sing hin und wieder ein Lied!

Auf der Vorlage ist Platz, selbst Ideen zu ergänzen!

Kopiervorlage „Hosentaschenzettel“

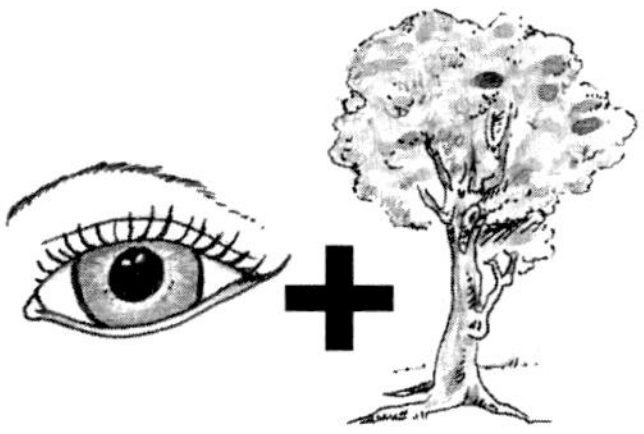